N&K

Im friedlichen Schweizer Wintersportort Sils Maria im Engadin harren mysteriöse Todesfälle ihrer Aufklärung. Ein reicher Engländer wird von seinem Schwiegervater auf eine einsame Spur geleitet und verschwindet im rieselnden Schnee. An einem Spätnachmittag fällt in der Hotelhalle ein Schuss: Der ältere Herr hat den Skilehrer seiner Tochter als Wilderer entlarvt, ohne zu wissen, dass er ihr Geliebter ist. Vermummte Gestalten mit Schneebrillen drängen Langläufer von der Loipe ab. Von den Läufern fehlt jede Spur, nur ein dunkles Loch im See lässt furchtbare Schlüsse zu. Und in der Hotelküche wartet schon ein weiteres Fläschchen Gift auf seinen Einsatz, im Foyer steht schon wieder ein Kellner mit zweifelhafter Vergangenheit bereit, der auf seine nächste Gelegenheit lauert.

Ulrich Knellwolf, geboren 1942, wuchs in Zürich und Olten auf. Er studierte evangelische Theologie. Bis 1996 arbeitete er als Pfarrer an der Predigerkirche in Zürich, seither als Mitarbeiter der Stiftung Diakoniewerk Neumünster, Zollikon. Für seine Romane und Erzählungen wurde er vielfach ausgezeichnet.

Ulrich Knellwolf

Tod in Sils Maria

17 üble Geschichten

NAGEL UND KIMCHE

1. Auflage 2024
Ungekürzte, durchgesehene Taschenbuchausgabe
© 2004 Nagel & Kimche im
Carl Hanser Verlag München Wien
© für diese Ausgabe 2024 NAGEL UND KIMCHE in der
Verlagsgruppe HarperCollins Deutschland GmbH, Hamburg
Umschlaggestaltung von wilhelm typo grafisch, Zürich
Umschlagabbildung von AI-generated image / Shutterstock
Gesetzt aus der Centennial
von GGP Media GmbH, Pößneck
Druck und Bindung von CPI books GmbH, Leck
Printed in Germany
ISBN 978-3-312-01354-8
www.nagel-kimche.ch

Druckprodukt mit finanziellem
Klimabeitrag
ClimatePartner.com/15109-2009-1001

MIX
Papier
FSC FSC® C083411

Inhalt

Februarende

Am Vormittag anhaltendes Hoch draußen und drinnen. »Wetterlage extrem stabil«, sagte lächelnd Renato, der Concierge.

Der Autor fühlte sich paradiesisch, trat aus dem Hotel, schaute zu den Gipfeln hinauf, rieb sich die Hände und machte sich auf ins Fextal. Nach der Chesa Oscar rechts von der Straße ab und durch den lockeren Wald. Kein Mensch war unterwegs; diese Welt gehörte ihm. Weiter oben brannte die Sonne auf seine Stirn, in der Ferne waren einzelne Langläufer zu sehen. Wenn er nicht befürchtet hätte, sie könnten es für einen Hilfeschrei halten, hätte er laut gejauchzt.

Bald darauf wurde es steil. Er schwitzte und schnaufte, musste, wie jedes Mal an dieser Stelle, eine kurze Rast einlegen. Sonst machte es ihm nichts aus, heute aber schon. Denn auf dem höchsten Punkt über ihm stand einer, auf einen Spazierstock gestützt, und schaute auf ihn herab.

Es schien, als lache er in sich hinein über den, dem dort unten der Schnauf ausgegangen war. ›Laffe!‹, dachte der Autor, ›bild dir bloß nichts ein. Dies ist mein Tal, und ob ich renne oder stehen bleibe, geht dich gar nichts an!‹ Er senkte den Kopf, stapfte weiter und weigerte sich, noch einmal die Augen zu erheben. Als er oben ankam, war der lästige Zuschauer schon verschwunden.

Bald darauf sah er ihn wieder, kaum dreißig, vierzig Schritte vor sich. ›Ha!‹, dachte er, ›ich werde an dir vorbeiflitzen, dass dir das Lachen vergeht.‹ Der andere war dünn und lang, trug den Stock waagerecht vor sich her, als sei es die Balancierstange eines Seiltänzers, und zog die Knie in die Höhe wie ein Storch. ›Schau dir mal diese Schuhe an! Die Leute lernen es nie. Mit solchen Schuhen kommt man in dieser Jahreszeit nicht einmal gefahrlos auf der Straße von Maria nach Baselgia hinüber. Hellbraune Halbschuhe, wahrscheinlich italienische, womöglich sogar mit Ledersohlen. Dazu die übrige Aufmachung! Vermutlich Tweed, und eine weinrote Schärpe wie die Boa einer Kabarettänzerin um den Hals geschlungen.‹

Der Mann wandte sich nach links, bevor ihn der Autor überholen konnte. ›Das sind die Richtigen, die verbotene Abkürzungen nehmen. Links ist hellblau, nur für Langläufer, ausgesteckt. Er wird ihnen die ganze neu gezogene Loipe zertrampeln, aber das ist solchen Figuren ja egal.‹ Er selbst hielt sich an die roten Pflöcke und folgte ihnen nach rechts. Noch einmal ein Aufstieg. Hier saßen zwei alte Sportsfreunde, er mit nacktem Oberkörper, sie mit knappem Top und sonnengegerbter Lederhaut, kein hübscher Anblick, und ließen sich noch dunkler rösten. Er beschloss, nicht als Erster zu grüßen; sie hatten wohl dasselbe gedacht.

Nach dem oberen Waldstück erreichte er seinen höchsten Punkt. Die Bank war frei; er setzte sich ein Weilchen, öffnete aber bloß den Reißverschluss seiner Jacke. Unten tauchte für einen Moment der Storch mit der Balancierstange auf. Er tänzelte, als sei der weißeste Schnee eine eklige Schmutzbrühe. Der Autor grinste über so viel Weltfremdheit.

Der Weg des Autors führte an Zellwegers Hof vorbei. Es war Mittag, der junge Bauer stand auf dem Balkon. Sie kannten sich; er winkte, der Bauer winkte zurück.

»Keine Skischule?«

»Nein, heute nicht.«

Weiter oben war ein Neubau im Gang. Die roten Wegmarken wiesen zur Pensiun Crasta. Daran kam er nicht vorüber; ihm lief schon das Wasser im Mund zusammen: Steinbockgeschnetzeltes, Veltliner dazu, zum Abschluss Heidelbeerkuchen. Mindestens einmal in jedem Ferienfebruar musste das sein; heuer also gleich am zweiten Tag.

Die erste Tür im dunklen Korridor ging zur Küche. Er klopfte an und öffnete. In Dampf und Kochgezisch stand Frau Padrun, kam wie der Engel aus den Wolken und schüttelte ihm die Hand. Er setzte sich an den einzigen freien Tisch. Die Italienerin mit dem ernsten Gesicht servierte hier schon seit Jahren.

»Wir haben jetzt auch wieder Steinbock«, sagte sie, als sie die Speisekarte brachte. »Und einen halben Veltliner, wie immer?«

Der erste Bissen schmeckte wunderbar. Er wollte gerade den zweiten zum Mund führen, da tönte es aus einer Art Erker hinter seinem Rücken wie Ziegengemecker: »Fräulein, wann kann ich endlich zahlen!« Er kannte die Stimme. Er hatte mit ihr schon telefoniert. Sie verwandelte mit dem ersten Wort sein Paradies in ein Schulzimmer, wo erbarmungslos Zensuren verteilt wurden.

Müller-Schwartenmagen. Wegen seines vorletzten Buchs hatte ihn dieser Mensch mit einer Mischung aus Ekel und Selbstmitleid zur Schnecke gemacht, als wäre die Literatur des Kritikers minderjährige Schwester und der Autor hätte sich an ihr vergangen. Seinen letzten Roman hatte er gar nicht mehr zur Kenntnis genommen. Der Autor hatte sich mit einem Leserbrief zu einem Artikel des Kritikers über Gotthelf gerächt und ihm darin blanke Ignoranz vorgeworfen.

»Mineral und Espresso«, hörte er die Italienerin sagen. Kurz darauf ging der Kritiker an ihm vorbei hinaus. Er war es – der mit den hellbraunen Ledersohlenschuhen, der weinroten Schärpe und dem Spazierstock. Er warf angewiderte Blicke nach links und nach rechts. Einer fiel auf den Autor, der wie ein lauernder Hund von unten hinaufschielte. Müller-Schwartenmagen verzog keinen Muskel seines Gesichts; er erkannte den Autor nicht.

Der Steinbock schmeckte plötzlich schal, der Veltliner nach Korken. Der Autor hatte keinen Appetit mehr. Er wartete zehn Minuten, dann war der Kritiker trotz des mangelhaften Schuhwerks bestimmt am Gasthaus ›Sonne‹ vorbei.

»Keinen Espresso?«, staunte die Italienerin.

Ohne sich in der Küche zu verabschieden, lief der Autor hinaus. Unterhalb der ›Sonne‹ nahm er den Weg nach Platta. Mit seinen Schuhen würde der andere sich hier nicht hinuntergewagt haben. Der Autor wollte vermeiden, ihm noch einmal zu begegnen. Hoffentlich war er nur für einen Tagesausflug heraufgekommen. Er warf sich vor, seine Reaktion sei übertrieben. Zugleich wusste er, dass die Mauer des Paradieses einen Riss bekommen hatte.

Renato, der Concierge, staunte, dass er schon zurück war, als er ihm den Zimmerschlüssel aushändigte.

Am Roman weiterzuarbeiten, erwies sich als unmöglich. Die Ziegenstimme lieferte zu jedem Satz einen ätzenden Kommentar. Er hätte auf einem Blatt daneben gleich selber die Rezension schreiben können. Er litt. Um sieben legte er sich in die Badewanne, dann zog er sich an. Er schätzte es, sorgfältig gekleidet zum Essen zu gehen, und verabscheute Leute, die in Jeans und Pullover im Speisesaal erschienen.

Seit Jahren saß er an demselben Tisch. Heuer mit angenehmer Nachbarschaft, hatte er gestern zufrieden festgestellt. Doch musste die alte Dame heute abgereist sein. An ihrem Platz saß, sichtlich beleidigt vom Lauf der Welt, vom Hotel, von den trivialen Leuten um ihn her, vom Essen und insbesondere von dem Buch, das aufgeschlagen neben seinem Teller lag, Müller-Schwartenmagen. Wenigstens musste sich der Autor nicht in sein Blickfeld setzen. Aber der Kritiker saß unausweichlich in dem des Autors und versalzte ihm die Suppe. Seine schien auch versalzen zu sein; das meiste davon ließ er stehen. Und auch das Buch verdarb ihm offenbar den Appetit. Zwischen den Gängen blätterte er mit spitzen Fingern darin herum, als seien die Seiten infiziert. ›Es könnte mein Buch sein‹, dachte der Autor finster. Aus Verzweiflung trank er eine ganze Flasche. Als er vor dem Dessert und unter den gleichgültigen Augen des Kritikers den Saal verließ, musste er höllisch aufpassen, dass er nicht schwankte.

In der Halle begann soeben das Trio mit dem allabendlichen Konzert. Er nickte dem Cellisten kumpelhaft zu; vor Jahren hatte dieser bei einer seiner Lesungen eine Solosuite von Bach gespielt. Auch hier hatte er seinen festen Platz, wo er den Espresso und den Grappa trank und später meistens noch ein Weizenbier aus dem hohen, dicken Glas. Auf dem Tischchen stand eine Karte. ›Schön‹, dachte er, ›dass Rodney für mich reserviert hat‹, und setzte sich. Rodney eilte herbei. Statt nach seinem Wunsch zu fragen, den er ja kannte, machte er mit den Armen flatternde Bewegungen wie ein angeschossener Vogel. »Tut mir leid«, flüsterte er. Der Autor griff nach der Karte. ›Herr Dr. Müller-Schwartenmagen‹ stand darauf. Erbost, niedergeschlagen, verzweifelt stand er auf, ließ den konsternierten Rodney stehen, ging aus der Halle, fuhr hinauf und trank eine halbe Flasche Scotch aus dem Zimmerkühlschrank. Hätte Müller-Schwartenmagen sich hier im Sessel gelümmelt oder in seinem Bett gelegen, hätte es den Autor nicht erstaunt.

Was sollte er tun? Dies war sein Ort. Kampflos überließ er ihn nicht. Nicht dem Kritiker.

26. Februar

Trotzdem schlief er erstaunlich anständig. Kein Wunder nach dem vielen Wein und Schnaps. Natürlich saß der andere schon beim Frühstück, als der Autor herunterkam. Wieder trug er diese unsägliche weinrote Schärpe. Er las die ›Frankfurter‹, die ihm Magenschmerzen zu verursachen schien, und aß kaum. Der Autor würgte eilig und missvergnügt an einem Brötchen.

»Bringe sofort den Espresso«, rief Francisco, auch wie seit Jahren.

»Heute keinen«, antwortete er; der Portugiese war ganz verwirrt.

Im Foyer neigte er sich wie ein Verschwörer zu Renato über die Theke und sagte: »Müller-Schwartenmagen. Wie lang bleibt der hier?«

Roberto blätterte in einem Buch. Dann rief er laut und lächelnd, in der Meinung, ihm mit der Auskunft eine Freude zu machen: »Auf den Tag so lang wie Sie!«

Der Autor war zerstört. Sollte er abreisen? Aber doch nicht fliehen vor dem!

›Auf den See wagen sich Leute wie der nicht‹, dachte er und lief über das Eis nach Isola. Wer saß dort in der Wirtschaft, machte ein Gesicht, als hätte er einen Teller Hufnägel gefressen, und vergiftete mit seinen Blicken die Umgebung? Und wer bitte steuerte geradewegs ins ›Edelweiß‹, in dessen Halle der Autor nach alter Gewohnheit auf dem Heimweg einen nachmittäglichen Gin Tonic trinken wollte? Und immer trug er ein Buch unter dem Arm wie der Henker, der einen Delinquenten zum Schafott schleift. Schafott war das richtige Wort. Der Autor würde ihn richten. Für einmal würde der Autor Richter sein und der Kritiker Angeklagter. Und er würde ebenso gnadenlos über den Kritiker urteilen wie der Kritiker über ihn.

27. Februar

In einer unruhigen Nacht dachte sich der Autor mögliche Todesarten aus. Der musste mit dem Schlimmsten rechnen, der ihm den Frieden in seiner kleinen Welt störte. Er hatte sie sich redlich erschaffen, mit Geschichten buchstäblich erworben. Hier las er jedes Jahr vor überaus großem Publikum. Hier hatte er schon die Ernst--August-Rede gehalten. Das würde ihm auch ein Müller-Schwartenmagen nicht zersetzen. Entweder der Kritiker verschwand freiwillig oder der Autor half nach.

Er brauchte Ruhe zum Nachdenken; also heute nicht ins Fextal und nicht nach Isola, sondern mit dem Postauto nach Maloja, von dort zu Fuß Richtung Cavlocciasee. Nach einer halben Stunde kam ihm mit Storchenschritten Müller-Schwartenmagen entgegen, den Spazierstock balancierend. ›Sieht fast so aus, als mache er Zielübungen damit, wie mit einem leichten Gewehre sie kreuzten einander.‹ Dem Autor fielen Gessler und Tell bei Schiller ein. Er brummte einen Gruß in den Kragen seiner Jacke; der Kritiker war blind, taub und stumm.

›Was ist das?‹, dachte im Weitergehen der Autor. ›Du marschierst ins Fex, da ist der Kritiker. Du läufst über den See nach Isola, da sitzt auch der Kritiker. Du weichst zum Cavlocciasee aus, da kommt dir der Kritiker entgegen. Immer ist er vor dir da, als spreche dein Echo zuerst, als überhole dich dein Schatten. Liest er meine Gedanken? Lauert er mir auf? Höchste Zeit, sich zu wehren!‹

28. Februar

Müller-Schwartenmagen machte keine Anstalten, seinen Aufenthalt abzukürzen. Wäre auch erstaunlich gewesen bei dem schönen Wetter. An Sonnenhängen war der Schnee schon fast ein wenig sulzig. Das brachte den Autor auf die Idee.

Es handelte sich nicht um Rache. Es ging nur um diesen Ort, den er sich von dem Schulmeister,

Kunstrichter, Notenhabicht, Kreativitätshenker nicht streitig machen lassen wollte. Beide konnten sie hier nicht in Frieden sein. Entweder der Autor oder der Kritiker. Blutgruppenunverträglichkeit, Rhesusfaktor, Vergiftung, Abstoßung. Er war nicht das Schaf, das sich zur Schlachtbank führen ließ.

Der Schnee würde helfen, die Sonne würde helfen, und Müller-Schwartenmagen selbst würde auch helfen. Zum ersten Mal würde ihm der Kritiker helfen, und zwar den Kritiker zu beseitigen. Der Schnee half, weil vor diesen Schönwettertagen reichlich davon gefallen war. Die Sonne half, weil sie den Schnee stark durchwärmt, beinahe weich gekocht hatte. Erhebliche Lawinengefahr also. Und Müller-Schwartenmagen half, weil er ein Sturkopf war, ein klassischer Notenfex, einer, der nie aus dem Schulzimmer herauskam.

›Hat nichts anderes im Kopf, als mir zu folgen, mein schweigendes Echo, mein vorauseilender Schatten. Ich locke den Fex im Fex weiter nach hinten und in den sonnenbestrahlten Westhang, wo der Schnee am Nachmittag rutschig wird wie Seife. Und ich fress einen Besen, wenn es mir nicht gelingt, ihm oberhalb aufzulauern und eine Lawine auszulösen. Wozu schließlich war man einmal Gebirgsgrenadier? Ist zwar lange her, aber den Blick für die Schneeverhältnisse und die Technik, wie man mit einfachsten Mitteln Schnee in Bewegung setzt, verlernt einer sein Lebtag nicht. Wer Lawinen vermeiden will, muss Lawinen machen können. Eine kleine Lawine nur, aber groß genug, einen Müller-Schwartenmagen zu verschlucken. ›Morgen, Herr Kritiker, fahre ich mit der Seilbahn auf den Corvatsch und von da auf den Brettern hinunter ins Fex. Wir werden ja sehen, ob Sie mir auch da entgegenkommen!‹

Heute ging der Autor nur ins Dorf und mietete Ski und Schuhe. Aus den Augenwinkeln sah er den Kritiker etwas kaufen, das er über seine hellbraunen Schuhe stülpen konnte, um nicht zu rutschen. Mitleidig beobachtete er später beim Essen den Tweedrücken und die Hand, die in Druckseiten herumfingerte, als hätten sie eine ansteckende Krankheit.

29. Februar

Auf der Sonnenterrasse des Hotel Fex saß, die Pelzjacke ausgezogen, die obersten drei Hemdknöpfe geöffnet, der Verleger und hielt das Fernglas vor die Augen. Neben ihm, mit dem Pelzmantel um die Schultern, saß seine Freundin Angeline, die seine Enkelin hätte sein können.

»Dort ist er«, sagte leise der Verleger. »Ich glaube wirklich, er ist es. Was für ein Anblick, mein Autor auf Skiern! Und da ist Müller-Schwartenmagen. Wurde ihm nicht an der Wiege gesungen, dass er eines Tages im Fextal auf Pirsch gehen würde.«

Er setzte den Feldstecher ab und wandte sich dem gemischten Früchteeis zu. »Jetzt brauchen wir nur abzuwarten.«

»Aber nicht zu lange«, nörgelte Angeline. »Du hast versprochen, heute noch mit mir nach St. Moritz zu fahren, solange die Geschäfte geöffnet sind.«

»Keine Sorge, wir sind bald so weit.«

»Ist es dort drüben nicht lawinengefährlich?«

»Doch, eben.«

»Du magst die beiden nicht, nicht wahr? Warum magst du sie nicht?«

»Müller-Schwartenmagen ist ein eingebildeter Esel, der nicht einmal für ein erstklassiges Essen von seinem hohen Ross heruntersteigt. Hat mir mit seinem Geschmier das ganze Geschäft der letzten Saison versaut. Und der andere, nun ja, er wird langsam eine Belastung für meine Bilanz. Keine Einfälle mehr, keine Sprache mehr, nichts.«

Angeline flüsterte: »Könnte man es Entsorgung nennen?«

»Kluge Frau! Gewissermaßen könnte man es wohl Entsorgung nennen.«

»Du hast Renato geschmiert!«

»War keine Kunst. Ein alter Bekannter. Horchte unseren Herrn Autor ein wenig aus, steckte es diskret dem Kritiker, und die Sache lief.«

Er hielt wieder den Feldstecher vor die Augen. »Jetzt hat er ihn gesehen.«

»Wer wen?«

»Der Autor den Kritiker. Bleibt stehen, hüpft seltsam mit den Skiern herum, versucht offensichtlich, eine Lawine auszulösen. Da! Müller-Schwartenmagen schaut empor. Erkennt ihn, legt seinen Spazierstock an.«

»Was will er damit?«

»Schießen selbstverständlich. Dieser Spazierstock, Mädchen, ist ein Gewehr. Eine Antiquität. Im 19. Jahrhundert stellte man Spazierstöcke mit dem ungewöhnlichsten Innenleben her. Schön zielen. Schuss!«

»Nicht so laut!«

»Treffer! Und was habe ich vorhergesagt? Die Lawine löst sich. Müller-Schwartenmagen wendet sich zurück. Er hat keine Chance.«

Zufrieden packte der Verleger den Feldstecher ins Futteral.

»Fräulein, zahlen! Und sagen Sie dem Chauffeur, er soll den Wagen bereithalten.«

»Dem vom Suvretta?«

»Ja, natürlich. Komm endlich, Angeline! Worauf wartest du noch?«

Geschichtenwettbewerb

Im Sommer sollte der Silser Geschichtenwettbewerb mit der Preisverleihung zu Ende gehen. In der siebenköpfigen Jury hatten wir während fünf langer Sitzungen aus der überraschenden Fülle von Einsendungen zehn ausgewählt, drei davon würden einen Preis erhalten, die übrigen sieben mit den Preisträgern zusammen in einem Buch abgedruckt werden. Der Verkehrsverein lud die Autorinnen und Autoren samt Begleitung zum festlichen Anlass in der Kirche von Sils Maria und zum Abendessen ein, Übernachtung inbegriffen.

Die Feier ging ohne Zwischenfall über die Bühne. Die Leute waren glücklich bis auf eine Autorin, die mitten im Festakt aus der Kirche lief und auf Nimmerwiedersehen verschwand. Beim Essen wurde über die Gründe gerätselt. Wahrscheinlich aus Enttäuschung darüber, dass sie nicht einen der drei Preise bekommen habe, war die einhellige Meinung. Im Übrigen war weder Neid noch Schadenfreude zu spüren. Ein skeptisches Erstaunen hatte es in der Schlusssitzung der Jury gegeben, als wir merkten, dass zwei der zehn gewählten Geschichten vom selben Autor stammten, was aber nicht regelwidrig war. Keine der beiden kam unter die ersten drei. Leider blieb der Verfasser – er trug den etwas auffälligen Namen A. M. Brosbier – der Preisverleihung unabgemeldet fern. Ich war umso neugieriger auf ihn, als er nach Auskunft der Jury-Sekretärin nicht etwa nur zwei, sondern ganze siebzehn Geschichten eingesandt hatte. Einer von uns sagte lachend dazu: »Wer weiß, vielleicht ist er ja überhaupt der Verfasser sämtlicher Geschichten!«

Von diesen kleinen Irritationen abgesehen, war es ein würdiger Anlass, der alle erfreute. Es stellte sich heraus, dass die Mehrzahl der Autorinnen und Autoren im Oberengadin einen Schreibkurs besucht hatte und hier regelmäßig Winterferien machte. Je länger der Abend dauerte, desto sympathischer wurden wir einander, und schließlich vereinbarten wir, man wolle sich am Mittwoch der zweiten Februarwoche wieder treffen, zur selben Zeit, am selben Ort.

Zu Hause suchte ich im Internet nach Brosbier, dem Verfasser der siebzehn Geschichten. Erfolglos. Ein Mann dieses Namens lebte weder in der Schweiz noch woanders, oder er besaß kein Telefon. Immerhin hatte ich seine Adresse, eine Straße und Hausnummer eines kleineren Dorfs in der Umgebung von Zürich. Doch die Kanzlei der angeblichen Wohngemeinde erklärte mir, dass es dort wohl die genannte Straße, nicht jedoch diese Nummer gebe, und dass ihr der besagte Einwohner völlig unbekannt sei. Da hatte sich jemand einen Scherz mit uns erlaubt. Wenn auch bloß einen harmlosen. Trotzdem musste ich hin und wieder an Brosbier, den geheimnisvollen Geschichtenschreiber, denken.

Im Herbst meldete sich Toni bei mir. Toni war Lehrer, gegen fünfzig, schrieb in seiner Freizeit Geschichten, arbeitete an einem Roman und hatte vor, die Schule aufzugeben und ein Leben als freier Schriftsteller zu versuchen – sein Traum, solange er denken konnte, wie er mir beim Abendessen in Sils erzählt hatte. Mit seiner Geschichte ›Licht ist Wahrheit‹ hatte er im Wettbewerb den dritten Preis gewonnen. Er bat, bei mir vorbeikommen zu dürfen, und da es dringlich klang, empfing ich ihn schon am folgenden Tag.

Toni war tief beunruhigt. Er hatte, kaum war das Büchlein mit den Silser Geschichten erschienen, einen Brief von Ambrose Bierce erhalten, in dem der Absender behauptete, Toni habe die preisgekrönte Geschichte von ihm gestohlen, er könne das auch beweisen, und er werde Rechtsmittel ergreifen.

»Bierce? Jemand versucht, dich auf die Rolle zu schieben«, sagte ich. »Will er Geld?«

»Nein.«

»Das wird noch kommen.«

»Glaube ich nicht«, sagte Toni. »Der Brief liegt immerhin schon zwei Monate zurück, und bislang ist keine finanzielle Forderung eingetroffen.«

»Also brauchst du dich doch nicht weiter zu beunruhigen.«

Das sehe er nicht so, widersprach Toni. Denn seit diesem ersten Brief werde er beinahe täglich mit neuen bombardiert, die immer Absurderes verlangten. »Seit Neuestem soll ich in einem ganzseitigen Inserat in der NZZ erklären, dass ich meine Geschichte bei Bierce abgeschrieben habe.«

»Unangenehm, diese Spinner. Trotzdem, vergiss es. Der richtige Ambrose Bierce ist seit fast neunzig Jahren tot.«

»Eben das ist nicht so klar. 1913, einundsiebzigjährig, ging er nach Mexiko, wo Bürgerkrieg herrschte. Seither hat man nichts mehr von ihm gehört. Seine Leiche wurde niemals gefunden, und es gibt mindestens ein halbes Dutzend Theorien darüber, wie, wann und wo er ums Leben gekommen ist.«

»Hauptsache, ums Leben gekommen. Du wirst doch nicht glauben ...?«

Er glaubte nicht, und trotzdem. Wie sagte die französische Adlige aus dem 18. Jahrhundert? »Ich glaube nicht an Geister, aber ich habe Angst vor ihnen.« Toni hatte Angst.

»Was sollte er dir tun können?«

»Wenn er mir Plagiat vorwirft, bin ich erledigt. Den Gegenbeweis anzutreten, ist fast unmöglich. Und die Indizien scheint er in den Händen zu halten.« Toni zog ein schmales Bändchen aus der Tasche. ›Böse Geschichten‹ von Ambrose Bierce. »Hier.« Er schlug das Buch auf und legte es vor mich hin. Die Geschichte hieß ›Licht in die Wahrheit‹, und wenn sie von Bierce war, dann hatte Toni tatsächlich sehr weitgehend abgeschrieben. »Er schickte mir dieses Buch. Das Groteske ist, dass ich es auch in zwei Antiquariaten fand. Jedoch ohne diese Geschichte.«

»Herausgerissen?«

»Nein. Keine Lücke. Nicht darin enthalten.«

Was sollte ich ihm raten? Einen Rechtsanwalt aufzusuchen, war unsinnig, einen Psychiater ebenso. Also sagte ich: »Steck dir Watte in die Ohren und schreib deinen Roman fertig.«

»Er wirft mir vor, auch diesen zu stehlen.«

»Dann eben noch mehr Watte. Und keine Briefe mehr öffnen!«

Er bedankte sich und ging, aber ich sah seinem Rücken an, dass ich ihm keine große Hilfe gewesen war. Ich hörte nichts mehr von ihm.

Bis zum Winter. Drei Wochen vor dem vereinbarten Treffen in Sils stand seine Todesanzeige in der Zeitung. Er musste bei einem Unfall gestorben sein. Ich konnte nicht zur Trauerfeier gehen, da ich am selben Tag eine Lesung in der Westschweiz hatte. Seiner Witwe schrieb ich ein paar Zeilen; als Antwort kam eine gedruckte Danksagung.

Wir trafen uns in der Chesa Pool und ich merkte sofort, dass alle Angst hatten. Ich vernahm, dass Toni beim Zusammenstoß zweier Autos ums Leben gekommen war; er war korrekt gefahren, der Verursacher war geflohen und bislang unerkannt geblieben.

»Er hat Drohbriefe bekommen«, sagte die eine Autorin.

Ich versuchte zu beschwichtigen, bis ich merkte, dass ich nicht auf dem Laufenden war. Sie alle hatten Drohbriefe bekommen und bekamen immer noch welche. Die einen schon vor Tonis Tod, die andern erst seit Kurzem. Briefe von Ambrose Bierce, in denen er verlangte, sie sollten öffentlich eingestehen, dass er der Autor ihrer Geschichten sei.

»Toni ist nicht darauf eingegangen. Und nun ist er tot.«

Beim Essen nach einem Begräbnis wird es normalerweise immer lustiger. Unser Essen war selbst eine einzige Trauerveranstaltung. Niemand hatte Appetit; in der Küche dürfte eine tiefe Depression ausgebrochen sein. Als abgeräumt war, saßen wir wie eine Gruppe Alkoholiker um den Tisch herum, hielten uns am Glas fest und schwiegen, und je länger wir schwiegen, desto schwieriger wurde es, etwas zu sagen. Schließlich brummte einer: »Gehen wir zu Bett.«

Die meisten schliefen im Haus – wenn sie denn schlafen konnten: Am Morgen war niemand ganz wach. Dann kam Isolde kreischend die Treppe heruntergerannt.

»Da war er! Ich habe ihn gesehen!«

»Wen?«

»Meier!«

»Meier?«

»Bei dem wir den Schreibkurs besuchten. Er strich ums Haus.«

Wir liefen hinaus. Vielleicht hatten wir den falschen Bierce. Wir fanden niemanden, weder Meier noch Bierce.

»Wie sah er denn aus, euer Meier?«, fragte ich, als wir wieder am Tisch saßen. Veronika hatte ein Bild bei sich. Die Gruppe bekannter Gesichter und mittendrin, hols der Teufel, mit rot gekraustem Haar, rotem Schnurrbart, wie ich ihn von Porträts her kannte …

»Bierce«, stammelte ich.

»Nein, Meier«, widersprach Veronika.

»Nein, Bierce«, sagte ich. »Vielleicht war er schon im Sommer hier. Und vielleicht hat ihn jene Dame, die Hals über Kopf aus der Kirche lief, erkannt.« Sie schauten mich entsetzt an.

Zweierlei sollte ich noch anfügen, nämlich dass Isolde, die im Geschichtenwettbewerb den zweiten Preis gewonnen hatte und eine Woche im Fextal zum Skifahren bleiben wollte, am dritten Tag aus völlig unerklärlichen Gründen auf der Piste am Corvatsch beim Zusammenstoß mit einem andern Skifahrer starb, der unauffindbar blieb. Und ich, wieder zu Hause, fand in meinem Briefkasten einen Brief, der meine zwei Geschichtenbände betrifft. Seither bin ich etwas unruhig.

Bündnerfleisch

Das Hotel gab sich sehr kinderfreundlich. Weil die Rabatte für die Kleinen beträchtlich waren, reisten viele Leute mit ihrem Nachwuchs an. Manchmal fühlten sich Regula und Rolf durch die Kinder gestört, besonders beim Frühstück und beim Abendessen. Da herrschte oft ein Geschrei wie in einem Hort. Zwar gab es ein vorgezogenes Abendessen für die Kleinen in einem Nebenraum und unter Aufsicht der Kinderhüterin, aber die wenigsten Eltern machten davon Gebrauch. Lieber nahmen sie ihre Sprösslinge mit in den Speisesaal, wo sie, müde von der Skischule und dennoch überdreht, reichlich Rabatz machten.

Regula und Rolf hatten keine Kinder, darum war Kindererziehung für sie reine Theorie. Aber sie fanden, dass die meisten Eltern ihre Kinder heute maßlos verwöhnten und ihnen alles durchgehen ließen. »Wenn meins solchen Lärm machen würde, dann würde ich sofort mit ihm hinausgehen«, sagte Regula.

»Und ich gäbe ihm draußen tüchtig auf den Hintern«, meinte Rolf.

Der Kinder wegen hatten sie sich angewöhnt, zeitig zum Frühstück und spät zum Abendessen zu gehen. Vor neun Uhr morgens waren die Kinder oder ihre Eltern noch nicht auf, und nach neun Uhr abends waren die meisten im Bett. So aßen sie wenig gestört, und tagsüber war das junge Gemüse ja außer Haus. Zudem schien es in den Zimmern rechts und links und auch über und unter ihnen heuer keine Kinder zu haben, jedenfalls hörten sie nichts.

Darüber war Rolf sehr froh. Denn er wollte jeden Tag mindestens drei Stunden schreiben. So gut wie hier konnte er sonst nirgends arbeiten. »Das Reizklima«, sagte er.

Um acht Uhr morgens standen sie auf, kurz vor neun waren sie beim Frühstück. Sie aßen ausgiebig, denn es musste bis zum Abend reichen. Wenn die lärmenden Familien eintrafen, saßen Regula und Rolf schon in der Halle, schauten die Post des Tages durch und lasen die zwei Zeitungen, die sie sich nachschicken ließen. Und bis die Kinder satt waren und durch die Halle liefen, fuhren sie beide schon mit dem Lift nach oben, um sich für den täglichen Spaziergang umzuziehen. Zwischen elf und zwölf verließen sie das Haus.

Sie hatten zwei Wege, an einem Tag nahmen sie den einen, am nächsten Tag den andern. Der erste führte durch den Wald zum See hinunter und dann über das Eis, je nachdem, wie es mit ihren Kräften stand, nach Isola oder bis nach Maloja. Der zweite Weg stieg ziemlich steil ins Fextal, bis nach Crasta, von dort nach Platta hinunter, an der Chesa Pool vorbei zur Schlucht und durch die Schlucht ins Dorf. Auf diesem zweiten Weg kamen sie immer an einem Bauernhaus vorüber, unter dessen Vordach ein gutes Dutzend große, längliche Fleischstücke zum Trocknen hingen.

»An unserem letzten Tag gehen wir noch einmal hier entlang und kaufen ein Kilo Bündnerfleisch. So im Freien getrocknet muss es besonders gut schmecken«, sagte Regula jedes Mal.

Kurz nach zwei waren sie zurück. Regula legte sich hin und schlief lange; bis um drei schlief Rolf auch, dann setzte er sich an den Laptop und schrieb. Es sollte noch einmal ein großes Buch werden, vielleicht sein wichtigstes. Eine theologische Ehrenrettung Jonathan Swifts. Der war bekanntlich anglikanischer Theologe gewesen, wäre gern Bischof geworden, brachte es bloß zum Dekan von St. Patricks in Dublin, verfasste neben ›Gullivers Reisen‹ bittere Pamphlete und scharfe Satiren, und bis heute machten die Theologen aus Verlegenheit einen großen Bogen um ihn. Rolf hingegen hatte Swift schon immer für einen originellen Gottesgelehrten gehalten. Nun wollte er es belegen und der Zunft vor Augen führen, wessen sie sich durch die Nichtbeachtung beraubte.

»Meinst du wirklich, die Mühe lohne sich?«, hatte sein Freund Feierabend gefragt, der an einer deutschen Universität Systematische Theologie lehrte. »Ich kenne zwar, außer natürlich ›Gulliver‹, den ich als Kind gelesen habe, bloß seine Predigt über das Schlafen in der Kirche. Theologisch ziemlich schwach, muss ich leider sagen. Und dann ist da doch noch, na ja, der ... ›Bescheidene Vorschlag‹, diese Satire über ... du weißt schon.«

»Man solle die Kinder der armen Iren mästen und ihr Fleisch den reichen Engländern als Leckerbissen verkaufen«, hatte Rolf ergänzt.

»Abscheulich!«

»Vergiss nicht, dass der Verfasser Theologe war.«

»Was willst du damit sagen?«, fragte Feierabend entrüstet.

»Ist das Menschenopfer kein biblisches Thema?«

»Nicht das vordringlichste, würde ich sagen.«

»Da bin ich mir nicht so sicher«, sagte Rolf.

»Wenn du dir an dem alten Menschenfresser nur nicht die Zähne ausbeißt.«

Rolf hatte lachend geantwortet: »Menschenfleisch soll zart sein, auch das von den Alten.«

Er erzählte Regula nicht, dass er soeben mit dem heiklen Kapitel über den ›Bescheidenen Vorschlag‹ angefangen hatte. Sie hätte große Bedenken gehabt, noch größere als Feierabend. Bei jedem Buch sorgte sie sich erneut wegen des Rufs, den Rolf sich damit einhandeln könnte. Doch während es bei Feierabend um verinnerlichten akademischen Opportunismus ging, war es bei ihr Liebe. Sie wollte verhindern, dass er sich ins eigene Fleisch schnitt. Also sozusagen zum Sichselbstfresser wurde, wie er lächelnd dachte.

Das Kapitel über den ›Bescheidenen Vorschlag‹ sollte eine zentrale Stellung in dem Buch einnehmen. Es würde die Gedanken des Ganzen bündeln. Der erste Teil handelte von Swifts Ver- und Überkleidungstheologie. Hier glaubte Rolf höchst ungewohnte, um nicht zu sagen befremdliche Verbindungslinien zu Paulus entdeckt zu haben. Wie er denn überhaupt als Zusammenfassung dieses Teils die Vermutung äußerte, Swift habe als Theologe paulinische Metaphern überrealistisch beim Wort genommen. Der zweite Teil hatte Swifts Fäkalsprache zum Gegenstand, die ihn auf verblüffende Weise mit Luther verband und den Gedanken nahelegte, die beiden stünden einander auch sonst nicht fern. Teil drei des Buches, und daran schrieb Rolf gegenwärtig, galt dem entkleideten Menschen, dieser blutigen Abscheulichkeit, die in Tat und Wahrheit nie über den Stand der Menschenfresserei hinausgelangt war. Es begann mit Swifts flapsiger Bemerkung über die Frau, der die Haut abgezogen wurde und die einen ungewöhnlichen Anblick geboten habe, und gipfelte eben in der Besprechung des ›Bescheidenen Vorschlags‹.

Bis jetzt war er gut vorangekommen. Wenn alles so weiterlief, war das Manuskript am Ende der Ferien abgeschlossen, und er konnte es seinem Verleger zeigen. Er hoffte, dass dieser über den Inhalt nicht zu sehr erschrecken werde.

Das war der Stand der Dinge bis zum Montag der zweiten Woche. Gegen Abend dieses Tages änderte er sich schlagartig. Der Grund war ein Ehepaar mit Nachwuchs, das neu eintraf und das Zimmer direkt über Regula und Rolf bezog. Rolf glaubte, dass sie Koffer herumwürfen, Regula hielt es für eine Kissenschlacht. Der Lärm machte jeden Gedanken an Arbeit zunichte.

Es war ein deutschschweizerisches Ehepaar, und es hatte nur ein einziges Kind, einen Jungen von ungefähr vier Jahren. Er brüllte wie ein Hurone, sobald er den Mund öffnete. Wurde es zu bunt, schrie die Mutter, eine etwas schlampige Frau, dazwischen. Der Vater schaufelte das Essen in sich hinein, sagte kein Wort und kümmerte sich um nichts.

Obwohl der Knabe ja noch ziemlich klein war, war die Familie erst nach Rolf und Regula zum Abendessen gekommen und blieb bis nach zehn Uhr sitzen, und zwar nur zwei Tische von Regula und Rolf entfernt. Wobei der Kleine selten saß, vielmehr im Speisesaal Rennen veranstaltete, sich am Boden wälzte, kreischte, andere Kinder piesackte, den Kellnern ein Bein stellte und mit dem Besteck auf das Hotelporzellan trommelte.

Sie ärgerten sich, Rolf noch mehr als Regula. Das Essen war ihnen verdorben, und im Hinausgehen fragte Rolf den Oberkellner, ob die Leute lange blieben. »Zwei Wochen«, lautete die mit einem Lächeln um Toleranz bittende Antwort. Das konnten ja heitere Ferien werden!

Wie heiter, davon bekamen sie noch am selben Abend einen zweiten Vorgeschmack. Nach der Schlacht im Speisesaal war nämlich für den kleinen Raufbold keineswegs Schlafenszeit. Er kam, munter wie ein junger Hund, in die Halle gelaufen und verwandelte sie innert Kurzem zu einer Hindernisbahn für sich und eine Reihe anderer Kinder, die er dafür zu begeistern verstand. Die Mutter schrie hin und wieder und ohne Erfolg, der Vater las ungerührt und eine Zigarre rauchend die Zeitung. Rolf verbrannte sich den Gaumen am Schnaps, weil er das ganze Glas aufs Mal hinunterstürzte, und Regula verschüttete Verveinetee über ihre Bluse. Fluchtartig eilten sie zum Lift.

Später herrschte noch eine halbe Stunde lang Getrampel, als streite sich eine Herde Elefanten über ihren Köpfen an der Tränke, dann war Ruhe. Es blieb auch die ganze Nacht hindurch ruhig, bis etwa gegen acht Uhr morgens. »Wenigstens das«, fanden Regula und Rolf, und wenn sie den Oberkellner bäten, ihnen einen weiter entfernten Tisch zu geben, sei es sicher auszuhalten.

Das wäre es auch gewesen, hätte die Skischule länger gedauert. Doch um vier war sie zu Ende. Um halb fünf, als Rolf mitten im Schreiben war, begann oben der Radau und hielt ohne Unterbruch an bis zur Essenszeit.

Rolf war verzweifelt. Er sprach von Abreise, beschimpfte seiner Frau gegenüber den Hotelier in den schlimmsten Ausdrücken und ließ an dem Haus keinen guten Faden mehr. Regula versuchte zu beschwichtigen, aber sie musste selber einsehen, dass ihre Argumente schwach waren. Auf dem Weg zum Essen stellte sich Rolf wie ein kampfeslustiger Recke vor den Concierge hin und forderte ultimativ ein anderes Zimmer. Man sei überbelegt, lautete die bedauernde Antwort. Hätte Regula ihn nicht am Ärmel gezerrt, wäre Rolf ausfällig geworden. Sein Buch war in Gefahr.

Dann aber war er, kurz bevor sie den Speisesaal betraten, wo die Eltern sich mit ihrem Terroristen immer noch nur zwei Tische von ihnen entfernt bereits niedergelassen hatten, von einem Augenblick auf den andern wie ein umgewendeter Handschuh. Statt verbissenem Ärger ein lockeres Lächeln, das gewittrige Blitzen in den Augen verdrängt durch fast liebevolles Verständnis; er zeigte Freude am Essen und Lust auf den Wein anstatt Widerwillen und eine schmerz-verzerrte Miene. Regula nahm es staunend zur Kenntnis und ließ sich anstecken. Ging es Rolf gut, konnte es ihr nicht schlecht gehen.

»Was ist denn in dich gefahren?«, fragte sie beim Hinausgehen. Da nahm er sie bei der Hand, zog sie ins Entree und vor die Tafel, wo die Veranstaltungen angeschlagen waren. Er zeigte auf ein hübsches Plakat. ›Unsere kleinen Gäste finden tagsüber liebevolle Betreuung bei unserer erfahrenen Kindergärtnerin Jane Swift, die auch fließend Deutsch spricht.‹

»Ich begreife nicht«, sagte Regula.

»Sie ist Irin. Aus Dublin. Lebt hier oben mit einem Bergbauern zusammen, sagt der Hotelier.«

»Warum ist das wichtig?«

»Swift, meine Liebe. Ich sitze an einem Buch über Swift!«

»Und die bloße Tatsache, dass im Haus eine Frau Swift arbeitet, versetzt dich in diese strahlende Laune? Ich verstehe den Zusammenhang nicht.«

»Tut nichts. Vielleicht wirst du es begreifen, wenn das Buch erschienen ist«, sagte Rolf. »Und nun geh und setz dich schon auf unseren gewohnten Platz, ich muss mal.«

Im Weggehen pfiff er tatsächlich vor sich hin, was er seit Jahren nicht mehr getan hatte.

Am folgenden Nachmittag herrschte über ihren Köpfen Ruhe, sodass Rolf wunderbar arbeiten konnte, und am Abend fehlten Eltern und Windspiel im Speisesaal.

»Abgereist?«, fragte Regula den Kellner.

»Etwas mit Kind passiert«, antwortete der Portugiese.

»Was manchmal sein Gutes hat«, bemerkte Rolf händereibend und in ungewohnt übermütigem Ton.

In der Halle trat ein Mann zu ihnen, den sie noch nie gesehen hatten.

»Darf ich mich einen Augenblick setzen? Gadient, Kantonspolizei. Sie wissen, dass ein Kind aus dem Hotel verschwunden ist? Es handelt sich um dieses hier.« Er zog ein Bild aus der Tasche. »Sie haben es nicht heute am späten Nachmittag irgendwo gesehen?« Es war der kleine Poltergeist.

»Nein«, sagte Regula, und Rolf schüttelte den Kopf. »Am späten Nachmittag waren wir in unserem Zimmer. Mein Mann schrieb.«

»Und Ihnen ist in den letzten Tagen auch nichts Besonderes im Zusammenhang mit dem Kind aufgefallen?«

»Nichts. Außer, dass es ein, wie soll ich sagen, sehr lebhaftes Kind war«, antwortete Rolf.

»Sie unterhielten sich ja gestern darüber mit der Kinderhüterin, nicht wahr?«, sagte der Polizist.

»Hast du?«, fragte Regula erstaunt.

»Ich traf sie, als ich zur Toilette ging, und fragte sie natürlich, ob sie mit dem Autor des ›Gulliver‹ verwandt sei, über den ich gerade ein Buch schreibe. Und dann sagte ich noch, dass ich ihre Nerven bewundere, bei den wilden Knirpsen.«

»Nerven braucht sie bestimmt«, sagte der Polizist. »Der hier war den ganzen Tag in der Skischule. Um vier wurde er zurückgebracht und sollte im Kinderhort warten, bis die Eltern vom Corvatsch zurückkamen. Aber im Hort ist er nicht angekommen.«

»Davongelaufen?«, fragte Rolf.

»Oder vielleicht entführt?«, fragte Regula.

»Wir hüten uns vor Vermutungen«, antwortete der Polizist.

»Was es alles gibt!«, sagte Regula später. »Da verschwindet einfach ein Kind.«

»Und doch hat auch das sein Gutes«, lächelte Rolf.

Regula schaute ihn an. »Du bist seit gestern Abend so seltsamer Laune.«

Das Kind blieb verschwunden. Weder Suchaktionen noch Vermisstenmeldungen im Radio führten zu einem Resultat. Rolf kam mit der Arbeit glänzend voran; am Freitagabend war der letzte Satz geschrieben, am Sonntag würden sie heimreisen. Am Samstag machten sie noch einmal ihren Spaziergang Nummer zwei: Crasta, Platta und durch die Schlucht ins Dorf. Oberhalb der Schlucht kamen sie an dem Bauernhaus mit dem aufgehängten Trockenfleisch vorbei.

»Fast hätte ich's vergessen. Ich wollte ja unbedingt ein Kilo kaufen!«, rief Regula.

»Willst du wirklich?«, fragte Rolf.

»Selbstverständlich. Solche Qualität bekommst du im Unterland nirgends.«

Regula klopfte an die Haustür. Eine junge Frau öffnete. Als Rolf sie sah, gab er einen Ton von sich, als werde ihm die Kehle zugedrückt.

Die junge Frau lächelte. »Sie besuchen mich?«, fragte sie.

»Das ist Jane Swift, die Kinderfrau. Ich wusste nicht, dass sie hier wohnt«, sagte Rolf hustend.

»Zufälle gibt es!«, sagte Regula. »Wir sahen das Bündnerfleisch da oben hängen und wollten Sie bitten, uns ein Kilo davon zu verkaufen. Wir beide lieben Bündnerfleisch sehr.«

Jane Swift schaute Rolf an, als wolle sie fragen, ob es ihm ernst sei. Dann sagte sie: »Leider sind die Stücke noch nicht reif, und anderes habe ich im Augenblick nicht.«

»Dann halt nicht«, sagte Rolf, als ob er es eilig habe.

»Gibt es denn sonst wo hier herum Bündnerfleisch zu kaufen, das im Freien getrocknet wird wie Ihres?«, fragte Regula.

»Ja, unser Nachbar macht es genau so. Wenn Sie bei ihm fragen möchten …«

Regula wollte, aber Rolf protestierte, er sei zu müde, um noch lange im Schnee herumzustapfen. Und als Regula drängte, schimpfte er, dieses ewige Bündnerfleisch hänge ihm allmählich zum Hals heraus. Regula schüttelte den Kopf und gab nach. Durch die Schlucht marschierten sie hinunter ins Dorf.

»Sie müssen ihren Lebensunterhalt ja wirklich sauer verdienen«, sagte Regula beim Abendessen.

»Wer?«

»Die Bauern hier. Sie muss im Hotel Kinder hüten, damit sie durchkommen. Hast du die Küche gesehen? Richtig ärmlich. Dazu zwei eigne Kinder, das dritte scheint unterwegs.«

»Und Schulden! Der Direktor meint, ihr Mann stecke in den Schulden wie ein Hund in den Flöhen«, sagte Rolf.

»Auch das noch. Was für ein Leben! Beinahe so hart wie zu Zeiten deines Jonathan Swift in Irland«, sagte Regula.

Trautes hochheiliges Paar

Eben wurde der zweite Gang des Heiligabend-Diners aufgetragen, Hummersüppchen mit Engelsflügeln.

»Es werden doch keine echten sein«, scherzte Madame im schulterfreien Kleid am dritten Tisch links. »Doch doch! Sie haben drei Erzengel geschossen und ausgekocht«, erwiderte aus dem etwas zu hohen Stehkragen hervor ihr Gemahl. »Du Unflat!«, rief Madame gespielt entsetzt.

Das Streichquartett spielte Boccherini.

»Wenn ich denke, wie viele unterernährte Afrikaner nur von der Hälfte dessen, was wir heute hier verdrücken, am Leben bleiben könnten«, nörgelte der Fünfzehnjährige mit den schmutzigen Turnschuhen am Tisch des Bankiers mit vollem Mund. »Nun sei doch endlich einmal still, wenigstens heute Abend«, wollte sein Vater gerade sagen. Da kreischte hinten am Fenster die ältere Dame im paillettenbestickten

Schwarzen mit nadelspitzer Stimme: »Nein aber auch! Schaut euch das an!« und zeigte nach draußen.

Die Augen aller, die an der Fensterfront saßen, folgten ihrem Zeigefinger. In der zweiten Reihe stand der Sohn des Bankiers neugiergetrieben auf. »Setz dich bitte!«, zischte sein Vater. Aber andere, vorwiegend aus der dritten Reihe, folgten seinem Beispiel. Sogar die Kellner blickten statt auf Teller und Weißwein-, Rotwein- und Wassergläser in die nächtliche Schneelandschaft hinaus.

»Dieses Bild! Wie ein alter Holländer«, rief die paillettentragende Dame, von der es hieß, dass sie eine Kunstmäzenin sei. »Die Heilige Familie«, brummte, vernehmlich gerührt, der Herr am Nebentisch, angeblich eine Koryphäe für Pädagogik an einer deutschen Universität. »Das wird sie erst, Herr Kollege«, sprach sachlich bestimmt vom Tisch in der zweiten Reihe der Gynäkologe.

Nun drehte sich auch der Direktor, auf seinem allabendlichen Gang von einem Tisch zum andern begriffen und heute zur Feier des Abends im Frack, zum Fenster und sah im Licht der Bogenlampen das Pärchen langsam die Auffahrt heraufkommen. Er stützte sie; sie konnte kaum mehr gehen. Junge Leute, Kinder fast noch, deutlich unter zwanzig jedenfalls, und sie mit einem Bauch, als habe sie einen Globus verschluckt.

»Das Mädchen ist schwanger«, stellte der Gynäkologe überflüssigerweise fest. »Und kann kaum mehr!«, rief schrill und schulterfrei von links Madame.

Das Pärchen näherte sich dem Haupteingang. Der Direktor eilte, nur knapp die Etikette wahrend, aus dem Speisesaal. »Er wird sie doch nicht abweisen wollen, nicht heute!«, sagte entsetzt die Paillettendame und erhob sich kampfeslustig. Mit ihr erhoben sich auch Madame im Schulterfreien und einige andere Gäste. »Solltest du nicht?«, fragte leise die Frau des Gynäkologen. »Ich möchte mich nicht aufdrängen«, antwortete ihr Mann. »Sie ist sicher kaum fünfzehn«, gab die Frau des Gynäkologen zu bedenken. Der Fünfzehnjährige mit den schmutzigen Turnschuhen am Tisch des Bankiers kicherte, Butter auf eine Semmel streichend, in sich hinein.

Als die Dame im paillettenbestickten Schwarzen und die schulterfreie Madame, gefolgt von ihren in Smoking und Fliege uniformierten Ehemännern, das Entree erreichten, sahen sie das Pärchen an der Theke des Concierges lehnen und hörten Arcangelo, den Schlüsselgewaltigen, sagen: »Tut mir leid, wir sind voll belegt.«

»Das darf doch nicht wahr sein!«, rief Madame. »Wirklich nicht!«, rief ihr Gatte. »Nicht an diesem Abend!«, rief die Dame in Pailletten. »Meine Herrschaften, bitte!«, sagte der Direktor. »Wir haben kein einziges Bett frei«, sagte laut und entschieden der Concierge. »Arcangelo!«, mahnte anklägerisch Madame. »Seien Sie kein Unmensch«, fügte die Dame im Schwarzen hinzu, während die Ehegemahle heftig nickten. »Kein einziges Bett mehr frei, nicht einmal in den Angestelltenzimmern«, beharrte hartherzig Arcangelo.

»Ich kann nicht mehr«, hauchte das Mädchen und drohte zu Boden zu sinken.

»Ich sage dir ja, du sollst etwas tun«, zischte die Frau des Gynäkologen ihren Mann an. Wie die meisten andern Gäste waren auch sie ins Foyer getreten, um zu sehen, was es gebe. »Ich hab ja meine Sachen gar nicht hier«, gab der Gynäkologe zurück.

»Nichts zu machen«, klagte scheinheilig händeringend der Direktor.

»Dann mache ich etwas!«, rief da die ältere Dame im paillettenbestickten Schwarzen. Sie trat auf das Pärchen zu. »Bitte kommen Sie mit mir zum Lift. Haben Sie noch die Kraft? Ich stelle Ihnen mein Zimmer zur Verfügung, wenigstens bis ein Krankenwagen kommt.«

»Die Zeit wird für den Transport ins Spital nicht reichen«, sagte der junge Mann, »es kommt jeden Augenblick.«

Die Paillettendame schritt voraus, das Pärchen hinterher, an dem im Entree aufgestellten Christbaum vorbei zum Lift. Arcangelo war hinter der Theke hervorgekommen.

»Sie werden mich nicht hindern, Sie nicht!«, drohte gebieterisch die Dame. Da blieb Arcangelo stehen wie alle andern auch und starrte mit blöden Augen auf die sich schließende Lifttür und hörte, wie sich der Aufzug in Bewegung setzte.

Jetzt brach das große Gerede aus. »Du hättest etwas tun müssen!«, sagte die Frau des Gynäkologen. »Was denn?«, widersprach der Gynäkologe. »Sie werden immer jünger«, stellte die Frau des Pädagogikprofessors fest.

Da kam der Lift zurück. Die Tür öffnete sich und heraus trat strahlend wie eine Heldin die Dame im paillettenbestickten Schwarzen. »So, fürs Erste sind sie versorgt. Hat jemand den Arzt und die Ambulanz gerufen? Nicht? Ja, was steht ihr denn alle hier herum! Los, Arcangelo, es eilt!«

Arcangelo eilte hinter die Theke zum Telefon, und die ersten Gäste gingen wieder an ihre Tische im Speisesaal zurück.

»Wir möchten mit dem Service fortfahren, wenn es Ihnen recht ist, meine Damen und Herren«, rief der erleichterte Direktor mit erhobenen Armen.

»Die denken alle nur ans Essen«, sagte der Fünfzehnjährige mit den schmutzigen Turnschuhen zu sich selbst. Das Quartett spielte ›Stille Nacht‹.

Der dritte Gang war Loup de mer auf einem Lauchbett. Die meisten hatten ihn bereits und mit einer gewissen Erleichterung gegessen, als eine Gruppe Männer eintraf: der Dorfarzt, zwei Leute von der Ambulanz und, ungerufen, ebenfalls zwei von der Polizei.

»Dieses Pärchen, wo ist es?«, fragte so laut, dass es im Speisesaal zu hören war, der eine Polizist. »Die haben den Trick schon in St. Moritz angewendet«, sagte der andere.

Jetzt fühlte sich der Gynäkologe zum Eingreifen gedrängt. »Bedenken Sie, dass das Mädchen hochschwanger ist«, rief er im Hinauseilen.

»Sie glauben wohl noch an den Storch«, sagte der erste Polizist zu ihm. »Kissen unter dem Pullover, nichts weiter. Kaum hat man die in ein Zimmer gelassen, ist die Schwangerschaft auf wundersame Art vorbei.«

»Sie meinen ...?«, stotterte der Direktor.

»Fahren wir hinauf«, bestimmte der Polizist.

Als sie wieder herunterkamen, grinste er. »Was habe ich gesagt? Sie müssen ihren Wagen ganz in der Nähe abgestellt haben. Über alle Berge. Und drei Zimmer durchwühlt.«

»Meine Perlen!«, kreischte die Dame mit den Pailletten.

»Unseres auch?«, fragte die Frau des Gynäkologen. »Es liegt gleich daneben ...«

Nachdem die Polizei den Schaden aufgenommen hatte und gegangen war und alle beim Dessert saßen, sagte der Gynäkologe leicht verbissen zu seiner Frau: »Wenn ich an deinen Diamantring denke, komme ich mir fast vor wie einer der Heiligen Drei Könige.«

Die ältere Dame im schwarzen Kleid sagte zu der schulterfreien Madame am Nebentisch: »Es war ein sehr eindrückliches Bild. Noch nie ist mir Weihnachten so nahegekommen. Nur, leider, meine Perlen ...«

Und Madame, der ein Platinarmband fehlte, antwortete: »Es muss wohl ein wenig schmerzen, damit es einem nahekommen kann, nicht wahr, meine Liebe?«

Riss im Schnee

»Wo ist mein kleines schwarzes Portemonnaie? Hast du mein kleines schwarzes Portemonnaie gesehen?«

Walter hatte es nirgends gesehen, Esthers kleines schwarzes Portemonnaie.

»Du brauchst doch kein Portemonnaie! Ich habe meins dabei.«

»Und wenn ich eigene Wege fahre?«

Esthers fortwährender Freiheitsdrang.

»Oder wenn wir einander verlieren? Ohne eigenes Portemonnaie kann ich nicht einmal eine Suppe essen oder einen Kaffee trinken.«

Sie fand es endlich unter dem Taschentuch auf dem Nachttisch. Sie zählte das Geld. Es genügte für eine Suppe und einen Kaffee.

Wegen der Suche nach dem Portemonnaie verpassten sie die Luftseilbahn um neun Uhr zwanzig und konnten erst um neun Uhr vierzig nach Furtschellas hinauffahren. Die Sonne brannte schon auf die Hänge, der Schnee begann, an manchen Stellen sulzig zu werden.

»Die schwarze Piste?«, fragte Walter.

Die schwarz markierte Piste war die schwierigste.

»Ich mag sie nicht«, sagte Esther. »Ich mag überhaupt keine Pisten. Komm, wir fahren durch die Waldschneise.«

»Und die Lawinen?«, wollte Walter fragen, doch er unterließ es. Sie liebte Variantenskifahren über alles.

Esther fuhr die Waldschneise hinunter, wie immer voraus. Walter folgte, wie immer mit Abstand.

Sie fuhr wahrhaft himmlisch. Eine Augenweide. Mit schlankem, aufrechtem Oberkörper, während sich die Bewegung aus den Hüften mühelos auf die Bretter übertrug. Hinter ihr, als wäre sie ein Komet, wirbelte in elegantem Bogen ein Schweif aus Schnee. Tief unten glänzte das Band der zugefrorenen Seen wie Silber im Sonnenschein.

Walter fuhr kein bisschen schlechter als Esther. Er bewältigte die Schneise so sicher wie sie. Nur dass sich nach ihm niemand umgedreht hätte.

»Die Freude ist ihr noch am Rücken anzusehen«, sagten die Leute, wenn sie einmal auf der Piste fuhr.

Esther wartete dort, wo die Arven aufhörten. Mit einem weichen Bogen war sie stehen geblieben. Walter zog seinen Bogen etwas eckiger oberhalb des letzten Stammes.

Vor ihnen lag, unberührt und wie Brillanten blitzend, ein breites Schneefeld, von dem sie wussten, dass es ein paar Hundert Meter weiter unten über den Felsen endete. Sie würden sich etwas höher nach links halten müssen, zum Wald hinüber, um sich den Weg zwischen den Arven in die Talsohle hinab zu suchen. Doch jetzt lockte zuerst das Schneefeld.

»Am liebsten führe ich geradewegs hinunter«, rief Esther mit vor Freude gerötetem Gesicht. »Bis unten!« Sie zog die rosa Mütze mit dem Band aus Wollblumen in die Stirn.

In diesem Augenblick sah Walter den Riss. Er öffnete sich quer durch den Hang, unmittelbar unterhalb der letzten Stämme. Walter stand diesseits, Esther jenseits.

Der Riss vergrößerte sich in Sekundenschnelle zu einer Spalte, und dort, wo Esther stand, begann der Hang bereits zu rutschen.

»Was ist das? Halt mich fest!«, schrie Esther. Sie streckte ihm die Hand entgegen.

Walter blieben nicht mehr als fünf Sekunden,

um seinen Arm auszustrecken, Esthers Hand zu ergreifen und sie mit aller Kraft festzuhalten. Die fünf Sekunden waren eine Endlosigkeit, während der Walter und Walter unversöhnlich miteinander stritten. Und als sie stritten, sah Walter auf der Leinwand des rutschenden Schneefelds ein Bild. Er sah sich selbst, wie er Hand in Hand mit einer fremden Frau über die zugefrorenen Seen spazierte, mit ihr zu den glänzenden Schneefeldern hinaufschaute und wie sie keinen Gedanken darauf verwandten, hinaufzusteigen und ihre Spuren hineinzuzeichnen, sondern zum Hotel zurückkehrten, in dem gut geheizten, freundlich eingerichteten Zimmer saßen, ihre Bücher nahmen und bis zum Nachtessen zwei Stunden lasen.

Der Streit war vorbei, die Entscheidung gefallen. Die flehende Stimme jenseits des Risses hatte verloren. Walter streckte den Arm nicht aus. Es wäre auch zu spät gewesen. Esther war schon zu weit weg von ihm. Sie hatte das Gesicht zu ihm gekehrt und schaute ihn mit aufgerissenen Augen an. Dann verschlang sie die rutschende Schneeflut.

»Walter!«, schrie es lang gedehnt aus dem donnernd zu Tal stürzenden Schnee.

Am Abend war Esther noch immer nicht gefunden. Bei einbrechender Dunkelheit musste die Suche eingestellt werden. Die Fachleute machten Walter keine Hoffnung mehr.

Er hatte viel zu tun. Die nächsten Verwandten mussten benachrichtigt werden, die Familie von Esthers Bruder und die seiner Schwester, dann die besten Freunde. Die Leiter des Rettungseinsatzes wollten Auskünfte haben. Direktion und Personal des Hotels waren rührend um ihn besorgt.

Gegen elf Uhr abends konnte er sich endlich in sein Zimmer zurückziehen. Er schloss hinter sich ab. Überall lagen Esthers Sachen herum. Er legte ihre Kleider vom Sessel auf ihr Bett. Dann holte er die Flasche Scotch aus dem Kühlschrank. Er goss sich ein Glas voll, setzte sich in den Sessel, legte die Füße auf das Tischchen, trank einen großen Schluck, nahm das Buch und schlug es dort auf, wo er am Abend vorher aufgehört hatte zu lesen.

Tod in Sils Maria

Schlegel hatte sich auf das Schlimmste gefasst gemacht. Was er jetzt sah, übertraf jedoch alles bei Weitem. Wo um Himmels willen hatte seine Tochter nur ihren Verstand gelassen? Und, fügte er mit fast noch größerem Bedauern hinzu, den Geschmack?

Sie hatte ihm Mitte Januar geschrieben, dass sie dieses Jahr nicht allein ins Engadin kommen werde. Noch im Neujahrsbrief, als sie ihm für die Perlenohrringe dankte, die er ihr zu Weihnachten geschickt hatte, schrieb sie nur von einer Überraschung, die er bald erleben werde. Er hatte gleich vermutet, dass es eine Männergeschichte sei, und diesmal eine ernsthafte, wenn Lilian schon davon redete. Bisher hatte sie über dergleichen Dinge strikt geschwiegen. Hie und da war er auf Spuren von Männern in ihrem Leben gestoßen. Zum Beispiel letztes Jahr, als er geschäftlich in London zu tun gehabt und zwei

Nächte in Lilians Wohnzimmer auf der Couch geschlafen hatte. Er hatte sich beim Rasieren geschnitten und in ihrem Toilettenschrank ein Pflaster gesucht. Dabei hatte er nicht nur ein komplettes Rasierzeug gefunden, sondern auch ein Paar Manschettenknöpfe, schöne übrigens. Der Mann schien Geschmack zu haben.

Hätte Lilian keine Freunde gehabt, hätte ihn das beunruhigt. Immerhin war sie siebenundzwanzig, und er nahm nicht an, dass die Stelle bei Brown & Masters, der internationalen Literaturagentur, spezialisiert auf strategische Studien, sie bis an ihr Lebensende ausfüllen werde. Er zog es vor, über die private Seite ihres Lebens nicht zu viel zu wissen. So freute er sich jedes Jahr auf die zehn Tage Skiferien, die sie miteinander im Engadin verbrachten.

Wer den älteren Herrn und die junge Frau beobachtete, wie sie miteinander am Tisch saßen, sich lachend unterhielten, wie er manchmal liebevoll mit seiner Hand über die ihre strich oder sie küsste, konnte sie für ein Liebespaar halten. Chef und Sekretärin etwa, die ein paar verliebte Tage miteinander Ferien machten. Und doch waren sie Vater und Tochter, er, Wirtschaftsjurist mit Praxis an bester Zürcher Adresse, und sie, wie gesagt, in London lebend, seit sie siebzehn war.

Sie hatten sich erst spät näher kennengelernt. Kurz nach Lilians Geburt war Schlegels Ehe am Ende gewesen. Er hatte auf alle Ansprüche auf das Kind verzichtet. Seine Frau war mit der Tochter nach Genf gezogen und hatte einen süd- amerikanischen Millionär geheiratet, von dem sie inzwischen wieder geschieden war. Die Toch- ter wurde in ein teures Internat im Engadin ge- schickt, wo sie bis kurz vor der Matura blieb. Dann meinte die Mutter, sie müsse besser Eng- lisch lernen, und brachte sie nach London.

Den Vater hatte Lilian in all den Jahren nicht ein einziges Mal zu Gesicht bekommen, nur sein Geld, das pünktlich eintraf. Dann brachte die Post eines Tages im Dezember einen Brief von ihm mit der Frage, ob sie nicht Lust hätte, Anfang Februar für einige Tage mit ihm zum Wintersport nach Sils Maria zu fahren. Für die Kosten, inklusive Flug, komme er selbstverständlich auf.

Die Ferien gelangen rundum. Seitdem betrach- tete Lilian ihren Vater als einen Freund, den sie jedes Jahr im Winter an den zugefrorenen Enga- diner Seen wiedersah und von dem sie sich zehn Tage lang verwöhnen ließ.

Schlegel gestand sich ein, dass bei dem Urteil über seinen möglichen Schwiegersohn eine Portion Eifersucht mit im Spiel war. Er nahm sich daher vor, sich durch seine Gefühle nicht zum Narren machen zu lassen. Dennoch wollte er nicht glauben, dass an dem niederschmetternden Eindruck von dem Freund seiner Tochter nur gekränkte Männlichkeit schuld war.

Aus Lilians Brief wusste er, dass der Mann und er fast gleich alt waren. Schlegel war dreiundsechzig, und der, der sein Schwiegersohn werden sollte, war vierundsechzig. Er empfand das fast als Blutschande. Aber er wollte sich den alten Lüstling, wie er ihn in Gedanken nannte, erst einmal anschauen, bevor er ein Urteil fällte.

Alles andere, was Lilian schrieb, hätte ihm als Vater eigentlich nur recht sein können. Der Mann war kein Nobody. Sir Geoffrey Bell war alleiniger Inhaber des traditionsreichen Londoner Verlagshauses Highway, Fitzwater and Bell und geschäftlich, was Schlegel herauszufinden nicht schwerfiel, mit bedeutenden Firmen, vorzugsweise Banken, verbunden. In der Grafschaft Kent besaß er Cottingham Castle, ein respektables Anwesen mit einem Herrenhaus aus der Zeit Elizabeths I. Bells Vermögen wurde auf eine dreistellige Zahl von Millionen Pfund geschätzt. Sir Geoffrey war seit drei Jahren geschieden. Seine Ehe mit einer der wenigen international bekannten Polospielerinnen war kinderlos geblieben.

Dies alles klang nicht schlecht. Nur dass er vierundsechzig war, ein Jahr älter als er selbst, fand Schlegel als Lilians Vater pervers.

Auf der Fahrt ins Engadin hatte er heftig und tapfer gegen die abscheulichen Bilder gekämpft, die in ihm aufsteigen wollten. Seine Tochter mit einem Greis im Bett. Zittrige Hände, die ihr junges Fleisch streichelten. Lilian, einen arteriosklerotischen Idioten im Rollstuhl schiebend.

Er unterdrückte die Bilder mit Gewalt. Im Hotel, wo er seit Jahrzehnten bekannt war, schritt er mit Todesverachtung an der Tür des Doppelzimmers vorüber, hinter der vom nächsten Abend an seine Tochter mit dem alten Mann das Bett teilen sollte. Bei seiner telefonischen Rückfrage in London hatte sie ausdrücklich auf einem Doppelzimmer bestanden.

Was Schlegel nun aber um zwölf Uhr mittags auf dem Bahnhof von St. Moritz zu Gesicht bekam, war schlimmer als alles, was er sich in den schlimmsten Albträumen ausgemalt hatte. Zuerst stieg Lilian aus dem Zug. Sie war noch schöner geworden mit ihrem hellbraunen Haar und einer Figur, die jedem Mann den Atem rauben konnte. Glück macht schön, dachte Schlegel. Aber dann folgte ein dicker kleiner Mann, mindestens anderthalb Kopf kleiner als Lilian, mit einem Kugelbauch auf kurzen Beinen und nach außen gerichteten Plattfüßen. Halslos hockte ein runder Schädel auf den Schultern, halb kahl und in der Mittagssonne schweißig glänzend. Eine Nase wie eine Kartoffel, der Mund dicklippig, wie zum Austernschlürfen geformt. Bald merkte Schlegel, dass der Mann auch noch redete, als verschlänge er Austern um die Wette. Sir Geoffrey steckte in einem Pelzmantel, der aus ihm einen übergewichtigen Säugling machte.

Was war nur in Lilian gefahren? So fragte sich Schlegel und ging auf die beiden zu. Und sogleich merkte er, dass alles anders geworden war.

Früher hatte Lilian ihn zur Begrüßung auf den Mund geküsst. Jetzt bekam er nicht mehr als zwei flüchtige Wischer auf die Wangen. Die Hand des Mannes fühlte sich an wie ein grätenloser Fisch. Schlegel sah auf die Würstchenfinger hinunter und bemerkte manikürte Nägel, die wie aufgesteckte Pailletten von den Fingerenden abstanden. Während der folgenden Tage vermied er es, diese Hände zu berühren. Ihm war, als könnte er sich an ihnen mit einer heimtückischen Krankheit anstecken.

Er hatte ein Taxi bestellt, das außerhalb des Bahnhofs auf sie wartete. Lilian eilte voraus, Sir Geoffrey folgte, neben Schlegel herwatschelnd. Er stieß ihn an und machte mit seinen Pesthänden eine Bewegung, als streichle er ihr über den Po. Dann führte er die Finger der rechten Hand an den aufgeworfenen Mund und schmatzte so widerlich, dass Schlegel übel wurde.

Die Fingerspitzen an den Lippen und dazu das Schmatzen wiederholten sich an diesem Abend bis zum Erbrechen. Einmal galt es dem Zimmer, insbesondere den Betten, dann dem Wein, dem Hauptgang des Nachtessens und, besonders widerlich, dem jungen italienischen Kellner.

Nach dem Essen tranken alle drei in der Halle einen Whisky. Aber Schlegel wollte es so schnell wie möglich hinter sich bringen und sagte, er nehme an, sie seien müde von der langen Reise. Er freue sich, erwiderte Sir Geoffrey schlürfend, auf das Zimmer und das Bett, und führte schon wieder unter Grunzen und Schmatzen die Wurstzipfel der rechten Hand an den Mund.

Bisher war der Augenblick vor Lilians Zimmertür beim Gutenachtsagen für Schlegel etwas vom Schönsten in den Ferien gewesen. Er hatte einen Kuss auf die Lippen bekommen, die warme Nähe seiner Tochter gespürt und ihr Parfüm gerochen.

Heute gab es nichts als eine flüchtige Wangenberührung links und rechts und »Gute Nacht«, dazu die schleimige Vorfreude der dicken Witzfigur. Schlegel eilte verzweifelt in sein Einzelzimmer, während er sich vorstellte, was der Gnom jetzt mit seiner Tochter anstellte.

Als er in dieser Nacht wach im Bett lag und an der Grenze zum Verrücktwerden mit einem Teil seiner selbst stritt, der nicht aufhören konnte, wie eine Pornografiedruckerei die scheußlichsten Bilder zu produzieren, beschloss Schlegel, Sir Geoffrey umzubringen. Es gab nur diesen Weg, um Lilian vor dem Unglück ihres Lebens zu bewahren. Wie er es tun wollte, wusste er noch nicht. Aber es musste in diesen Tagen geschehen, bevor das Verhängnis unabwendbar war.

Im hellen Licht des Morgens fragte er sich, ob er in der Nacht die Tragweite seines Entschlusses auch richtig abgewogen habe. Er nahm sich vor, zuerst die beiden zu beobachten und dann zu entscheiden. Er musste wissen, ob es Lilian mit dem Feisten wirklich ernst war. Wäre es doch möglich, dass es sich um eine vorübergehende Verirrung handelte.

Aber nicht eine Spur davon war zu erkennen. Im Gegenteil. Lilian und ihr englischer Gartenzwerg gingen, wann immer es sich machen ließ, Hand in Hand, und Schlegel kam sich vor wie ein Hund, der zuschauen muss, wenn sich seine angebetete Herrin von einem Wüstling knutschen lässt. Sogar beim Essen warfen sich die beiden verliebte Blicke zu und küssten sich zwischendurch immer wieder. Schlegel verging der Appetit.

Als er am dritten Tag einen Augenblick lang mit seiner Tochter allein war – sein zukünftiger Schwiegersohn musste plötzlich zur Toilette, und Schlegel kam sofort der Verdacht auf ein Prostataleiden –, versuchte er, ihr auf den Zahn zu fühlen. Lilian aber lachte, legte ihm die Hand auf den Arm und sagte: »Eifersüchtig? Aber, aber, Papa.« Darauf flirtete und schmuste sie noch unverschämter mit diesem großbritannischen Schweinchen Dick.

Schlegel war sich im Klaren, dass er seiner Tochter wehtun würde. Aber er sagte sich, dass der kurze, tiefe Schmerz viel leichter zu ertragen sei als ein endlos verzweifeltes Leben. Diese

Überlegungen stärkten ihn in seinem Entschluss. Es galt nur noch, einen günstigen Augenblick abzuwarten.

Bis dahin wurden ihm die Tage zur Qual. Die weiß schimmernden Bergketten verwandelten sich vor seinen Augen in den hingestreckten Körper seiner Tochter, und die Wolken am Himmel waren Sir Geoffreys lüsterne Finger, die darüber hinstrichen.

Jedoch, als schlage plötzlich Hitze in Kälte um, war für ihn alles bald nur noch eine Frage der Technik. Er lud Sir Geoffrey zu Spaziergängen ein, wenn dieser nicht Lilian zum Skilift begleitete. Er versuchte so, sein Vertrauen zu wecken. Das war nicht schwer. Sir Geoffrey tat, als wären sie zwei Verschworene, und behandelte Schlegel, obwohl dieser ein Jahr jünger war, mit der einem Schwiegervater gebührenden, etwas mitleidigen Pietät.

Nach einer Woche endlich ergab sich die Gelegenheit. Das strahlende Hoch brach zusammen. Schneefall war angesagt. Schlegel hatte eben erst Sir Geoffrey dazu bewogen, ein Paar Langlaufski zu mieten und sich unter seiner Führung – Lilian zog Abfahrt vor – auf die einfachsten Loipen zu wagen. Der Engländer stellte sich zuerst sehr ungeschickt an, aber Schlegel ließ nicht nach. Schließlich schien Sir Geoffrey am Skilaufen sogar Gefallen zu finden, und sei es nur, um seiner Braut mit seinen sportlichen Leistungen Eindruck zu machen. Beim Nachtessen erzählte er, Fingerspitzen an den Lippen, mit schlürfender Begeisterung von seinen Abenteuern und wünschte, am nächsten Tag unbedingt wieder auf die Loipe zu gehen.

Um halb zwölf brachen sie nach einem reichlichen Frühstück auf. Die Sonne war nicht zu sehen, die Wolken hingen tief. Doch als Sir Geoffrey das Gesicht verzog, nahm ihn Schlegel bei der Ehre. Sie brauchten unendlich lange, bis sie im Fextal waren. Der Dicke dampfte wie eine überhitzte Lokomotive, spielte aber den Tapferen, und Schlegel stachelte ihn unentwegt an, indem er alle zehn Minuten fragte, ob sie nicht umkehren sollten. Sir Geoffrey wäre sogar bereit gewesen, den Mount Everest auf Langlaufskiern zu besteigen. Im Restaurant am Ende des Fextals waren sie fast die einzigen Gäste. Der Engländer war am Ende seiner Kraft, und Schlegel fragte sich bereits, ob es überhaupt noch besonderer Vorkehrungen bedürfe, um sich seiner zu entledigen.

Doch Sir Geoffrey wollte sich um nichts in der Welt unterkriegen lassen. Eifrig löffelte er die Gerstensuppe, trank Veltliner dazu und schließlich zum Kaffee einen doppelten Grappa, den Schlegel ihm aufdrängte, indem er ihn davor warnte.

Auf dem Rückweg schneite es in großen Flocken, als fielen Leintücher vom Himmel. Froh, fünf, sechs Meter Loipe vor sich zu erkennen, glitten sie vorwärts, Sir Geoffrey voran, Schlegel, ihn antreibend, hinterher.

Wein und Grappa wirkten. Schon auf halbem Weg beim Gasthaus Sonne war Sir Geoffrey ein Wrack, wollte Station machen, aber Schlegel ließ nicht locker. Ein Glück, dass keiner der Pferdeschlitten dastand, Sir Geoffrey hätte keinen Schritt mehr getan.

Unterhalb des Gasthauses lenkte Schlegel ihn vom breiten Weg ab nach rechts. Zehn Minuten später standen sie dort, wo ein Fußweg von der Loipe abzweigt und durch ein Tobel nach Sils hinunterführt. Zu sehen war nichts. Außer dem dichten Schneefall, der jeden der beiden wie in eine Kabine aus Milchglas einschloss.

»Dies ist eine Abkürzung, nicht ganz einfach, aber wir können den Weg nicht verfehlen«, rief

Schlegel, wohl wissend, dass kein Mensch auf Langlaufskiern heil hinunterkam.

»Nehmen wir sie«, keuchte Sir Geoffrey, hörbar erleichtert.

»Dann fahren Sie voraus! Frisch drauflos! Es passiert schon nichts.«

Und der Dicke fuhr. Sofort entwickelte er eine Geschwindigkeit, die ihm jede Herrschaft über die Bretter nahm. Vor ihm lag, unsichtbar im Schneefall, der Abgrund. Die Schussfahrt schien ihm zu gefallen. Schlegel sah noch, wie er verwegen die Arme hob, und hörte einen grunzenden Jauchzer.

Dann kamen die Felsabstürze. Schlegel sah nichts mehr, hörte nichts. Kein Krachen, nichts. Alles war verschneit.

Er ließ sich Zeit. Er schaute nicht nach, sondern kehrte auf die Loipe zurück und war eine halbe Stunde später in Sils. Er erkundigte sich nach dem Polizeiposten. Eine weitere Stunde verging, bis eine Patrouille sich im Schneesturm aufmachte, um das Tobel abzusuchen. Sir Geoffrey wurde gefunden, ein Sack voll zerschlagener Knochen und schrecklich entstellt.

Lilian erstarrte, als sie von Furtschellas zurückkam und Schlegel ihr das Unglück so schonend wie möglich mitteilte. Sie zog sich sogleich auf ihr Zimmer zurück. Später musste sie der Polizei einige Fragen beantworten. Sie tat es mit einer Fassung, die Schlegel erschreckte. Nachdem sie eine Kleinigkeit zusammen gegessen hatten, begleitete er sie bis an die Zimmertür. Zum ersten Mal in diesen Ferien bekam er einen Kuss auf die Lippen.

Lilian wollte den Leichnam nicht sehen. Sie wünschte, dass er kremiert und die Urne nach London überführt werde. Sie bat ihren Vater, die Formalitäten für sie zu erledigen. Sie selber reiste sogleich ab. Schlegel, ganz väterlicher Jurist, begleitete sie zum Bahnhof in St. Moritz. Bei der Abfahrt des Zuges winkten sie einander verhalten zu. Er kehrte ins Hotel zurück.

Schlegel brauchte zwei Tage, um alles zu ordnen. Jeden Tag rief er dreimal in London an, um sicher zu sein, dass Lilian keine Dummheit beging. Am dritten Tag buchte er für den Abend einen Flug von Zürich nach London. Er wollte seine Tochter jetzt nicht allein lassen. Dann fuhr er auf dem Beifahrersitz des schwarzen Leichenwagens nach Chur, wo Sir Geoffreys sterbliche Überreste eingeäschert wurden. Man fragte ihn, ob er die Urne gleich mitnehmen wolle. Er verneinte, schrieb die Londoner Adresse auf und bezahlte die Speditionskosten im Voraus. Er fuhr weiter nach Zürich. In seiner Praxis gab es nichts als die üblichen Briefe. Er hatte das Taxi warten lassen und war deshalb schnell zu Hause. Frau Ingold, seine Haushälterin, kondolierte und fragte, ob er etwas zu essen wünsche. Er schüttelte den Kopf.

»Holen Sie meinen Flugkoffer. Ich muss zu ihr.«

Frau Ingold hatte die Post säuberlich auf seinen Schreibtisch gelegt. Links die Zeitungen, in der Mitte die Drucksachen, rechts die persönlich adressierten Briefe. Nichts von Bedeutung darunter. Im Telefax lag ein Brief. Auf Englisch. Er erkannte Lilians Handschrift sofort. Seine Hände zitterten, als er danach griff. Er las.

»Mein geliebter Papa, ich teile Dir mit, dass ich heute ein Gespräch mit Geoffreys Anwalt hatte. Er bestätigte mir, was ich schon wusste, dass Sir Geoffrey mich für den Fall seines Ablebens als Alleinerbin eingesetzt hat. Du brauchst Dir folglich um Deine Tochter keinerlei Sorgen mehr zu machen.

Ich danke Dir, dass Du für mich ein Problem gelöst hast, ich war sicher, dass Du es tun würdest.

Ich kenne Frau Ingold gut genug, um zu wissen, dass sie sich nicht am Telefax zu schaffen macht; außerdem kann sie ja kein Englisch. Dennoch: Verbrenn den Brief im Kamin, wenn Du ihn gelesen hast. Kommst Du zu den Bestattungsfeierlichkeiten? Sie finden am Mittwoch nächster Woche in St. Pauls statt.

Herzlich und mit einem Kuss

Deine Tochter Lilian«

Schlegel schaute auf. Frau Ingold hatte im Kamin Feuer angemacht. Er nahm das Blatt Papier, warf es hinein und wartete, bis es verbrannt war. Dann rief er die Haushälterin.

»Ich fliege doch erst nächste Woche. Was, sagten Sie, gibt es zum Nachtessen?«

Schneebrillen
mit schwarzen Gläsern

Für die neue Loipe war eine Schneise durch den Arvenwald geschlagen worden. Im Sommer hatten das Fernsehen und die Zeitungen Bilder davon gebracht. Riesige Raupenfahrzeuge, mit den Wurzelstöcken herausgerissene und von Baggerzähnen zersplitterte Bäume und der zertrampelte Waldboden.

Auch Hilde hatte die Bilder angesehen, und sie hatte sich gefragt, ob es zu verantworten sei, ausgerechnet dort die Skiferien zu verbringen. Nach kurzem Hin und Her siegte ihr gesunder Menschenverstand. Sie bestätigte die Reservation. Sie wusste gut genug, dass so etwas in jedem Winterkurort vorkam. Bäume wurden überall gefällt. Ihrem Ferienort, wo sie seit Jahren lange Loipen, strahlendes Wetter und ein angenehmes, nicht zu teures Hotel genoss, wollte sie deshalb nicht die Treue aufkündigen. »Jetzt erst recht«, sagte sie in einem Anflug von Trotz zu sich. Schließlich freute sie sich wieder auf die Winterferien, die ihr mehr bedeuteten als ein italienischer Sandstrand oder finnische Seen im Sommer.

Nun stand Hilde auf ihren Langlaufskiern am Ausgang des Arvenwaldes, hinter sich die neu geschlagene Schneise, die aussah, als wäre sie schon immer hier gewesen, und blickte vor sich auf die weiße Fläche des zugefrorenen Sees. Sie sog die Weite des Hochtals in sich ein und ließ die Sonne auf ihre Stirn brennen.

Die neue Loipe war tatsächlich ein Gewinn. Hilde fand sogar, es wäre schade gewesen, wenn man darauf verzichtet hätte. Und was waren schon die paar Bäume gegen diesen Blick. Er war einmalig!

Hilde gab sich einen Ruck und lief weiter, die Böschung hinunter und in die Ebene des überschneiten Eissees. Neben den zwei Skispuren verlief der Weg für die Spaziergänger. Obwohl es Hochsaison war, verteilten sich die Feriengäste. Man hätte meinen können, allein auf der Welt zu sein. Hilde liebte dieses Gefühl. Sie hasste nichts so sehr wie Menschenansammlungen.

Zweihundert Meter vor ihr lief jemand einsam dahin. Sie konnte im Gegenlicht nicht erkennen, ob es ein Mann war oder eine Frau. Den eifrig vorwärtsstrebenden Schatten trennten vom nächsten vor ihm wiederum mindestens fünfzig Meter. Weit entfernt sah Hilde zwei Gestalten auf dem Spazierweg auftauchen. Sie schienen still zu stehen. Auf ihrer Höhe, links von der Loipe, war eine Stelle weithin sichtbar mit rotem Plastikband abgesperrt. Wahrscheinlich war der See dort nicht richtig zugefroren.

Hilde hatte zu lange in die Ferne geschaut und verlor an einer höckerigen Stelle das Gleichgewicht. Um ein Haar wäre sie gefallen. Sie sollte sich lieber auf die Loipe konzentrieren.

Als sie wieder aufschaute, hatte sich das Bild vor ihr verändert. Der erste Läufer war nun schon an den beiden Wanderern vorbei. Hilde sah ihn weit vorn laufen. Aber der zweite, der näher gewesen war? Wo war der zweite Langläufer? Sie konnte ihn nirgends entdecken. Sie bemerkte nur, dass einer der beiden Fußgänger über die Loipe an den Rand des offenen Wasserlochs getreten war und dort so etwas wie einen Tanz aufführte. Hilde blieb stehen. Winkte er um Hilfe? Der zweite Langläufer war doch nicht etwa?

Aber wenn der Langläufer in das Wasserloch gestürzt wäre, würde der Spaziergänger die

Loipe doch jetzt nicht wieder überqueren und sich ruhig zu dem zweiten gesellen.

Was also war dort vorne geschehen? Wahrscheinlich nichts, sagte sich Hilde, und weil sie jemanden hinter sich kommen hörte, lief sie weiter. Sie hatte sich wahrscheinlich getäuscht. Der Läufer, den sie weit jenseits der beiden Spaziergänger dahingleiten sah, war nicht der erste, sondern es musste der zweite sein. Sie hatte nicht an die Schnelligkeit der jungen Leute gedacht. Der erste war sicher schon viel weiter und in den dunklen Läuferknäuel am Horizont eingetaucht. Zwei Läufer überholten sie von hinten. Hilde hängte sich an sie und lief ein ganzes Stück in ihrem Windschatten.

Als sie die Höhe des Wasserlochs erreicht hatten, standen die beiden Spaziergänger immer noch da. Ein Mann und eine Frau. Hilde fiel zuerst ihre seltsame Kleidung auf. Viel Handgestricktes und uralte Skischuhe mit messingglänzenden Nägeln an der Seite, wie Hilde sie nur von Fotos ihrer Eltern her kannte. Beide trugen weiße Wollmützen, die so straff über den Kopf gezogen waren, dass sie beinahe wie Glatzen aussahen. Was Hilde besonders in die Augen stach, waren die Brillen. Altmodische runde

Schneebrillen mit schwarzen Gläsern in weißen Fassungen. Sie machten die Gesichter kreidebleich. Beide drehten ihre Köpfe nach den drei Langläufern um, und die Brillen, die Mützen und die gegen die Sonnenstrahlung weiß bemalten Lippen ließen ihre Gesichter wie Totenköpfe aussehen.

Hilde schauderte und beeilte sich, um nicht hinter den beiden andern Läufern zurückzubleiben, obgleich sie ihr zu schnell waren. Sie geriet bald außer Atem, musste ihr Tempo verlangsamen und schließlich stehen bleiben. Kaum wagte sie zurückzuschauen. Aber sie brauchte nicht zu erschrecken. Die beiden Spaziergänger standen jetzt bei dem Wasserloch, und zwischen ihnen und Hilde lief mindestens ein halbes Dutzend Leute. Wie Fremde standen die beiden dort, zwei Maskierte unter lauter Unmaskierten.

Am Abend hatte Hilde die Begegnung vergessen. Bekannte luden sie ein, sich an ihren Tisch zu setzen. Gern nahm sie die Einladung an, und sie schwärmten zu dritt von der neu angelegten Loipe.

Sie waren beim Dessert, als ein anderer Hotelgast, ebenfalls eifriger Langläufer, zu ihnen trat und fragte, ob sie es schon gehört hätten.

»Nein. Was?«

»Seit heute Nachmittag wird ein Langläufer vermisst. Vermutlich eingesunken, dort, wo der See nicht ganz zugefroren ist.«

Hilde erschrak.

Der zweite Langläufer! Er musste es sein. Doch der Hotelgast sagte, dass noch nichts Genaues bekannt sei. Offenbar gebe es keine Augenzeugen.

Die beiden Spaziergänger!, durchfuhr es Hilde. Wenn es sich um diese Stelle handelte und wenn der Vermisste der zweite Langläufer war, dann mussten der Mann und die Frau mit den altmodischen Schutzbrillen gesehen haben, wie er im Wasser versank. Aber die beiden hatten sich bis jetzt nicht als Zeugen gemeldet. Also war das Unglück nicht an diesem Wasserloch geschehen, oder aber … – Hilde dachte schaudernd an den Indianertanz, den sie aus der Ferne beobachtet hatte – die zwei mussten etwas mit dem Verschwinden des Langläufers zu tun haben.

»Sie brauchen keine Angst zu haben, Fräulein Hilde«, sagte der Bekannte lachend. »Das Eis wird genau kontrolliert, und die kritischen Stellen sind alle gekennzeichnet. Wenn einer versinkt, dann nur, weil er sich nicht an die Sperren hält. Leider gibt es immer wieder so Unvorsichtige. Leute eben, die glauben, Verbote gälten für alle, nur nicht für sie selber. Dann müssen sie halt auch die Konsequenzen in Kauf nehmen.«

Hilde ging früh auf ihr Zimmer. Sollte sie ihre Beobachtung der Polizei melden? Aber was hatte sie denn beobachtet? Sie konnte, sagte sie sich, ja nicht einmal angeben, ob eine Spur von der Loipe zu dem Wasserloch zu sehen gewesen war. Hatte der Läufer vor ihr die Loipe verlassen, musste er in dem weichen Schnee eine Spur gezogen haben. Sie hatte, auf die Höhe des Wasserlochs gekommen, nur die beiden Spaziergänger in ihrer seltsamen Aufmachung angeschaut. Selbst gefärbte Wolle. Naturschützer. War im Sommer, als die Schneise geschlagen wurde, nicht dagegen demonstriert worden? Und die Drohungen auf den Flugblättern?

Hilde hatte davon gelesen. Sie schlief schlecht in dieser Nacht.

Am Morgen las sie in der Zeitung, dass der Vermisste noch nicht gefunden worden sei. Die Möglichkeit, dass er vor der Schneeschmelze gefunden werde, wenn er überhaupt im See versunken sei, bezeichnete der Rettungsleiter als gering.

Ihre Bekannten von gestern Abend luden sie ein, mit ihnen zu kommen. Sie nahmen wieder den Weg durch die neue Schneise, hielten sich dann auf dem See jedoch nach links, wo am frühen Morgen eine frische Loipe gezogen worden war. Es war weniger sonnig als am Tag zuvor. In Maloja aßen sie auf der Terrasse vor dem Gasthaus eine Forelle vom Grill. Hilde fand es gemütlich.

Während die Bekannte zur Toilette ging und ihr Mann bezahlte, saß Hilde für ein paar Minuten allein am Tisch und schaute in die blendende Schneelandschaft hinaus, in die heraufziehenden Wolken, auf die Flanken der Berge und auf die Straße vor dem Gasthaus. Da sah sie die beiden Spaziergänger von gestern vorbeikommen. Gleich gekleidet, ihre bleichen Gesichter unter den weißen, straff über den Kopf gezogenen Mützen, die Brillen mit den runden schwarzen Gläsern in den weißen Fassungen. Sie schauten zu Hilde hinüber und waren im selben Augenblick verschwunden.

Hilde wusste nicht, ob sie wirklich einen Schrei ausgestoßen oder ob sie nur in sich hineingeschrien hatte. Da kamen auch schon ihre Bekannten zurück.

»Wir müssen uns beeilen. Es wird bald zu schneien anfangen«, sagte der Mann. Sie brachen hastig auf, auch weil Hilde auf halb fünf die Sauna bestellt hatte.

Schon bald verschwand die Sonne hinter den Wolken. Schneefall setzte ein. Nur noch wenige Leute waren unterwegs. Sie hatten etwa drei Viertel des Weges hinter sich, als die Bekannte einen ihrer Skier verlor. Sie blieben stehen. Der Mann besah sich den Schaden und meinte, er müsse wohl mit einem Schnürsenkel eine behelfsmäßige Bindung basteln. Die Frau schaute auf die Uhr.

»Es ist ja schon bald vier. Hilde, Sie müssen vorauslaufen, wenn Sie nicht Ihre Sauna verpassen wollen.«

Hilde war also das letzte Stück allein, vor sich in zweihundert Metern Abstand einen einsamen Läufer. Bei der kritischen Stelle mit der roten Absperrung standen mit einem Mal die beiden Totenköpfe am Weg, straff über den Kopf gezogene Wollmützen, weiß angemalte Lippen, die runden Brillen mit den schwarzen Gläsern und den weißen Fassungen. Als Hildes Vorläufer auf der Höhe der beiden angelangt war, schien es ihr, als entstehe dort vorn ein Handgemenge.

Sie meinte, einen unterdrückten Schrei zu hören. War, was aufblitzte, ein Messer? Der Läufer bekam einen Stoß, fuhr aus der Loipe auf das Wasserloch zu und versank. Hilde hörte nichts. Als sie ihren Blick von dem Wasserloch losriss, waren die zwei Totenköpfe nicht mehr zu sehen.

Sie wusste nicht, wie sie ins Hotel gelangte, ein Bündel aus Angst und Zittern. Statt in die Sauna zu gehen, lief sie auf Skiern zur Polizei und erzählte aufgeregt und verworren, was sie gesehen hatte. Der Polizist war freundlich und verständnisvoll, fast zu freundlich, sodass Hilde sich nicht ernst genommen fühlte. Er ließ sich alles ein zweites Mal erzählen, auch das, was sie gestern gesehen hatte, und schrieb einiges auf. Dann griff er nach dem Telefon und redete lange romanisch.

»Haben Sie eine Blutspur bei dem Wasserloch gesehen?«, fragte er, nachdem er den Hörer aufgelegt hatte.

Sie konnte es nicht sagen.

Sie würden schauen, was zu tun sei, meinte der Polizist weiter. Soviel er wisse, sei der Vermisste von gestern zum Vorschein gekommen.

Damit war Hilde entlassen. Ihrer Aussage wurde kein großes Gewicht beigemessen, obwohl sie doch die Täter beschreiben konnte!

Der Schneefall hatte aufgehört, die Dämmerung hatte eingesetzt, als Hilde den Polizeiposten verließ. Die Straßen waren fast leer. In den Hotels zogen sich die Leute für das Abendessen um.

Hilde nahm nicht den Weg zum Hotel. Sie musste Gewissheit haben. Führte eine Spur von der Loipe zum Wasserloch? War Blut zu sehen? Noch müsste es festzustellen sein. Wenn es in der Nacht schneite, wären die Spuren am Morgen ausradiert.

Hilde schnallte die Skier an und verließ die beleuchtete Straße. Ihre Augen mussten sich an die Dunkelheit gewöhnen. Dann merkte sie, wie hell die Nacht vom Schnee war. Sie fand ohne Schwierigkeiten die Loipe. Ihr war, als liefe sie schwereloser denn je, schnell wie die Jungen, obwohl sie einen anstrengenden Tag hinter sich hatte.

Schon bald war sie in der Nähe des Wasserlochs. Da sah sie, fünfzig Meter vor sich, rechter Hand der Loipe, einen der zwei Totenköpfe mit der Wollmütze, den weißen Lippen, den schwarzen, weiß geränderten Brillenlöchern. Hilde blieb stehen. Sie wagte nicht, an der Gestalt vorüberzulaufen. Dann hörte sie hinter sich knirschende Schritte im Schnee, und als sie sich umwandte, erkannte sie den zweiten Totenkopf, der gemessen auf sie zukam. Sie musste nach links ausweichen!

Sie begann wieder zu laufen, nun abseits der Loipe, was schwieriger war. Doch der Totenkopf hinter ihr war schneller. Keine fünfzig Meter weiter sah sie, wie er sich ihr von schräg links hinten näherte. Der zweite kam jetzt von rechts auf sie zu. Hilde musste noch einmal die Richtung ändern. Sie lief den einzigen Weg, den sie ihr ließen. Als sie das rote Absperrband vor sich erkannte, hoffte sie, das Wasserloch habe sich in der abendlichen Kälte geschlossen. Sie konnte nicht ausweichen. Sie zerriss das Band. Sie spürte das Wasser, das ihr in die Schuhe rann. Sie fühlte eine große Bodenlosigkeit unter sich, und sie sank.

Erstaunlich, wie wenig kalt das Wasser war. Sie dachte an die beiden weißen Köpfe mit den schwarzen Brillenlöchern hinter sich. Jetzt fiel ihr ein, dass sie nicht nach der Spur des Langläufers gesehen hatte. Deswegen war sie doch hierhergekommen. Dann spürte Hilde nichts mehr.

In dieser kalten, sternklaren Nacht fror das Wasserloch im See zu und blieb den ganzen Winter über zugefroren.

Eine alte Bekannte

Am Dienstag hatte Burger einen Termin bei der PR-Agentur und einen beim Fotografen, der von ihm ein Plakat in Weltformat machen sollte. Am Mittwochvormittag erledigte er noch einiges in seinem Büro und traf in einem langen Telefonat taktische Absprachen mit dem Parteipräsidenten. Am frühen Nachmittag fuhr er mit seiner Frau für zwölf Tage ins Engadin.

Wenn sie zurückkamen, würde der Wahlkampf beginnen. Burger, Rechtsanwalt in einer renommierten Praxisgemeinschaft und seit zwei Amtsperioden im Kantonsparlament, war von seiner Partei für den frei werdenden Sitz im Regierungsrat aufgestellt. Er konnte sich gute Chancen ausrechnen. Die Gegenpartei hatte ihren ersten Kandidaten zurückziehen müssen, nachdem ihm in den Medien Vetternwirtschaft vorgeworfen worden war. Der zweite Kandidat, in eiliger Verlegenheit aufgestellt, war eine ziem-

lich schwache Figur. Dennoch würde der Wahlkampf kein Spaziergang sein.

Sie kamen kurz nach fünf im Hotel an und be-
zogen dasselbe Zimmer wie jedes Jahr. Koffer
auspacken, sich ein knappes Stündchen hinlegen,
ein heißes Bad nehmen, sich umziehen zum
Nachtessen. Sie waren beide hungrig und freuten sich auf die leichte Küche, auf den Espresso
hinterher in der Halle, sogar auf das Geklimper
des Pianisten, obwohl sie nie tanzten. Kurz vor
halb acht betraten sie den Speisesaal.

Der Oberkellner kam herbeigeeilt, schüttelte
ihnen die Hand, fragte, wie es gehe, ihm gehe es
gut, und führte sie an den gewohnten Tisch in der
Ecke, nahe beim Ausgang. Sie waren nicht die
letzten, aber die meisten Gäste saßen schon an
ihren Tischen und aßen. Sie zogen die Menükarte
aus der kunstvoll gefalteten Serviette und lasen,
links französisch, rechts deutsch, wobei Con-
sommé zu Kraftbrühe wurde, was Burgers Frau
jedes Jahr von Neuem amüsierte. Vier Gänge, immer dreierlei zur Auswahl. Burgers Frau entschied sich für die Suppe, den Fisch und die
Lammkoteletts, während Burger statt der Suppe
Karottensaft, ebenfalls den Fisch und dann
Kalbsbraten wählte. Unterdessen hatte der Ober-

kellner diskret die Weinkarte in Burgers Nähe geschoben. Burger öffnete sie, und die traditionsreichen Namen erschienen ihm wie ein Fahrplan ins Paradies. Weißen zum Fisch, Roten zum Fleisch. Burger bestellte eine Flasche Sancerre und eine Flasche Veltliner Riserva Speciale. Beides kommentierte der Oberkellner mit Nicken.

Nun warteten sie auf den ersten Gang. Sie lehnten sich beide auf ihren Stühlen zurück, entfalteten gleichzeitig die Serviette, ließen den Blick durch den Speisesaal wandern, erkannten von Ferne das eine und andere aus den vorigen Jahren bekannte Gesicht und beteuerten einander, wie gern sie wieder hier seien.

Der Oberkellner brachte die beiden Flaschen Wein, dazu Mineralwasser. Er schenkte Burger den Weißen zum Probieren ein. Burger ergriff das Glas, schwenkte es leicht und führte es zum Mund, um zu kosten. Der Wein war in Ordnung. »Du wirst ihn gern haben. Er hat eine angenehme, unterschwellige Säure, die sehr erfrischt«, sagte er zu seiner Frau, immer noch das Glas in der Hand. Der Oberkellner wandte sich Burgers Frau zu und schenkte ein. Burger selbst nahm noch einen Schluck von der Kostprobe, bevor der Kellner auch ihm das Glas füllte.

Er war gerade dabei, das Glas von den Lippen zu nehmen und dabei über den Rand in den Saal zu blicken, als er Lola erkannte. Das heißt, er sah nur ihren wilden, hochtoupierten schwarzen Haarschopf, aber es war Lola. Eindeutig.

Burger stellte das Glas ab und musste sich am Stiel festhalten. Eine ungeahnte, bösartige Perspektive tat sich auf. Wie durch einen Nebel hörte Burger die Frage des Kellners, ob er den Veltliner schon öffnen dürfe. Burger nickte erst, als seine Frau ihn leicht verwundert anschaute. Es kam alles darauf an, dass sie nichts merkte.

Burger wagte einen zweiten Blick hinüber. Ja, dort saß, mit dem Rücken zu ihnen, zusammen mit einer älteren, diskret gekleideten Dame unzweifelhaft Lola. Die Haare, das knallfarbene Kleid, die ausladenden Hüften, das alles gehörte zu Lola.

Der junge portugiesische Kellner brachte Burgers Frau die Suppe und Burger den mennigroten Karottensaft im Glas.

»Guten Appetit«, wünschte er. »Danke«, antworteten höflich seine Frau und Burger im Chor. »Guten Appetit«, nickten sie einander zu. Burger war froh, dass sie zu tun hatten. Er musste überlegen.

Es durfte auf keinen Fall zu einer Begegnung mit Lola kommen. Nein, nicht seiner Frau wegen. Die war vernünftig und nicht eifersüchtig. Aber wegen der Wahl.

Lola war anziehend, sie war schön und elektrisierend erotisch, aber sie konnte unsäglich laut und gewöhnlich werden. Öffnete sie den Mund, so kamen ordinäre Anzüglichkeiten über ihre Lippen. Burger hatte das für eine kurze Zeit lustig gefunden. Jetzt dachte er mit Entsetzen daran.

Er musste Lola im Blick behalten. Soviel er erkennen konnte, bekamen sie und ihre Begleiterin soeben den Hauptgang serviert. Wie sie den Kopf leicht schräg zu dem Kellner hob! Er stellte sich ihre Pupillen in den Augenwinkeln vor. Ihre erstaunten Katzenaugen. Er musste auf der Hut sein, wenn sie aufstand. Verließ sie den Saal, kam sie unweigerlich an ihrem Tisch vorbei. Dann war es an Burger, so schnell wie möglich aufzustehen, bevor sie ihn erblickte, und das Weite zu suchen.

Er stellte sich vor, sie käme auf ihn zu. Sie bemerke ihn, stieße einen krächzenden Überraschungsschrei aus, würfe die Arme in die Höhe und liefe unter dem aufgescheuchten Geklimper ihres billigen Modeschmucks auf ihn zu, um ihm um den Hals zu fallen und sich auf seine Knie zu setzen. »Böbschen, bist du auch hier!« Das Gesicht seiner Frau. Und die Gesichter, die sich nach ihnen umdrehten.

»Die Suppe rinnt mir direkt in die Seele«, sagte Burgers Frau. »Wie war dein Karottensaft?«

Wie war sein Karottensaft gewesen? Hatte er ihn schon getrunken? »Hervorragend«, sagte er. »Frisch gepresst.«

Bevor Burger nun wieder das Weißweinglas ergriff, blickte er noch einmal ungläubig hinüber. Wie ein ungezähmter Sturzbach ergoss sich das schwarze Haar über ihre Schultern. Im Genick leuchtete ein lächerliches rosarotes Schleifchen wie bei einem Schoßhund.

»Auf dein Wohl. Schöne Ferien. Gute Erholung. Und später viel Glück«, sagte Burgers Frau.

»Auch dir alles Gute«, entgegnete er. Sie stießen an und ließen den Ton der Gläser im Gerede des Saals verklingen.

Der Portugiese räumte inzwischen den Suppenteller und das Saftglas ab. Burger musste jeden Augenblick mit der Möglichkeit rechnen, dass Lola ihm zuvorkam. Bei ihrer Kinderstube war es ihr zuzutrauen, dass sie plötzlich vom Tisch aufführe und hinausliefe, weil ihr eingefallen war, dass sie einen Freund anrufen musste. Burger schaute hinüber. Dort saß eine Gefahr für seine politische Karriere, ein Stolperstein auf dem Weg zum Regierungsrat. Wenn herauskam, dass er sie kannte, war er in diesen moralisch pingeligen Zeiten, in denen die Medien nach Affären gierten, geliefert.

Der Kellner brachte den zweiten Gang, Salmtranche auf Blattspinat. Burger hob noch einmal das Glas. Seine Frau prostete ahnungslos zurück.

Die Bilderpresse in ihm druckte bereits Schlagzeilen auf die ersten Seiten der Boulevardzeitungen. »Regierungsratskandidat im Bordell. Lola packt aus!« Wenn die Journalisten sie erst zum Reden brächten, und das würde ihnen nicht schwerfallen, könnte sie ihn ans Messer liefern. »Er war regelmäßiger Kunde in meinem Salon. Ja, auch sadistische Seancen.« Die in knappes Leder gezwängte Lola, Grätschstellung, eine Peitsche schwingend. Ihn schauderte.

»Ist dir kühl?«, fragte seine Frau.

»Jedenfalls nicht zu warm«, antwortete er.

Er hatte mit seinen Beziehungen zur Liegenschaftenverwaltung dafür gesorgt, dass sie eine größere Wohnung bekam, sozusagen sein Abschiedsgeschenk. Dann hatte er sich nicht mehr blicken lassen, hatte eines Morgens entschieden, dass Schluss sein müsse.

»Schade, dass Gräten drin sind«, sagte seine Frau und legte eine auf den Tellerrand. »Aber sonst ist die Küche wieder wunderbar.« Beinahe hätte er eine Gräte verschluckt. Er nahm schnell einen Schluck Wein.

Drüben am Tisch wurden die Reste des Hauptgangs abgetragen. Aber selbst wenn sie sich mit dem Dessert Zeit ließen, würde sie vor ihnen mit dem Essen fertig sein. Der Oberkellner kam, um ihm den Veltliner zur Probe einzuschenken. Er schmeckte nichts. Der Oberkellner füllte die Gläser und wünschte »Zum Wohl«.

Burger hatte Lola zum ersten Mal in der Kanzlei eines Kollegen am Bellevue getroffen. »Unser neuer Lehrling«, bemerkte der Kollege, als er sah, wie es Burger schwerfiel, seine Augen von der Figur des Mädchens loszureißen. »Sie verdient sich übrigens ihr Taschengeld mit Striptease.«

Sie hatte damals schon ein wenig zur Üppigkeit geneigt. Er merkte sich das Lokal, ging aber keineswegs gleich am selben Abend hin. Über einen Monat ließ er verstreichen. Als er sie dann auf der rot beleuchteten Bühne sah, war er zugleich von ihrer Schönheit gepackt und über die ordinäre Art ihrer Darbietung schockiert. Er ließ sie an seinen Tisch bitten und fuhr hinterher mit ihr in ihre Wohnung. Von diesem Tag an holte er sie im Lokal ab, zuerst einmal wöchentlich, bald jeden Abend. Und er hieß sie alles mit ihm machen, die Sache mit den Peitschen, den prallen Lederkleidern, den Handschellen und spitzen Nadeln bis aufs Blut.

Seine Frau bekam ihre Lammkoteletts, er seinen Kalbsbraten. Der Kellner schenkte ihm das Glas wieder voll. Du darfst nicht zu viel trinken, du brauchst einen klaren Kopf, sagte er zu sich selber.

Anscheinend hatte seine Frau damals nichts von seinen Abenteuern bemerkt. Sie hatte angefangen, sich sozialen Fragen zuzuwenden, und war offensichtlich davon ausgefüllt.

Eines Nachts hatte Lola zu ihm gesagt: »Ich will einen eigenen Salon.«

»Und deine Lehre?«

»Habe ich an den Nagel gehängt. Mit dem hier verdien ich mehr.«

Die Spuren anderer Männer störten ihn, der sonst zur Eifersucht neigte, nicht. Im Gegenteil. Sie wirkten wie ein Stimulans.

»Könntest du nicht etwas für mich tun? Du hast doch Beziehungen.« Er hatte. Und fädelte es ein. Und eines Morgens, beim Aufstehen, als er seine nackten Füße auf den rauen Teppich vor dem Bett im ehelichen Schlafzimmer stellte, beschloss er, nicht mehr zu ihr zu gehen. Keine Erklärung von ihm. Keine Nachfrage von ihr. Seither waren sie sich nie mehr begegnet.

»Gibst du mir noch etwas Wasser?« bat seine Frau. Er schenkte ein.

Inzwischen war sie eine stadtbekannte Hure geworden. Vor drei oder vier Jahren war etwas mit einer Zuhälterbande gewesen. Die warf ihr das Mobiliar aus den Fenstern auf die Straße, weil sie nicht mit ihr zusammenarbeiten wollte. Er hatte es zu lesen versucht, als beträfe es eine wildfremde Person. Sie erzählte damals einem Journalisten, ihre Kundschaft reiche bis in die allerbesten Kreise, und sie könne sich vorstellen, dass sie jemand aus der Stadt vertreiben wolle. Er hatte es als Drohung an seine Adresse empfunden.

Er trank und schaute über den Rand des Glases hinweg zu ihr. In ihr mussten all die Jahre hindurch Zorn und Rachegefühle geschwelt haben. Wer weiß, was sie sich erhofft hatte. Sie würde, wenn sie ihn hier sitzen sah, in ihrer Pöbelhaftigkeit nicht zögern, die Situation auszunutzen und ihn ans Messer zu liefern. Was konnte er tun?

Er musste mit ihr reden. Sie zu einem Spaziergang einladen. Bis zur Brücke über den Inn, und sie dann hineinstoßen. Das war die Rettung. Die einzig mögliche Rettung.

Er stellte das Weinglas auf den Tisch zurück und wandte sich wieder dem Kalbsbraten zu. Dabei ließ er Lola einen Augenblick zu lange aus den Augen. Denn als er aufblickte, war sie keine zehn Meter von ihm entfernt. Sie kam geradewegs auf ihn zu. Er hatte das Gefühl, als schwanke der Boden unter ihm. Aufstehen und hinauslaufen war nicht mehr möglich. Zu spät. Sie kam, die Hüften schwingend, das Kleid zu knapp und viel zu kurz, aufgedonnert wie ein Flaggschiff, die Haare zu einem Turm hochtoupiert, Geröllhalden von Modeschmuck auf der Brust, unaufhaltsam näher. Er war verloren.

Und dann war sie vorbei. Es war nichts geschehen. Kein hysterischer Aufschrei, kein kreischender Ruf des Erkennens, keine rachedurstige Annäherung, nichts. Als wäre er eins von den banalen Möbelstücken in diesem Speisesaal, war sie an ihm vorübergestakst, ohne auch nur einen einzigen Blick an ihn zu verlieren.

Es bereitete ihm Mühe, sich nichts anmerken zu lassen. Das Rotweinglas zitterte leicht in seiner Hand. Sie bestellten Dessert, und seine Frau erinnerte ihn an ihre Ferien im letzten Jahr. Eine Viertelstunde nach Lola verließen sie den Speisesaal.

Wie jeden Abend deponierte er auch diesmal, bevor sie in der Halle den Espresso tranken, den Zimmerschlüssel an der Rezeption. Seine Frau ging voraus, um einen Tisch zu belegen.

»Das ist für Sie abgegeben worden.« Der Concierge reichte ihm einen gefalteten Zettel über die Theke. Burger öffnete ihn und erkannte Lolas Schrift.

»Keine Angst. Morgen Vormittag reise ich ab. L.«

Er las den Zettel zweimal. Dann zerriss er ihn in kleine Stücke und warf ihn in den Papierkorb.

Seine Frau hatte einen freien Tisch mit zwei bequemen Sesseln gefunden. Er setzte sich zu ihr. Als die Kellnerin kam, bestellten sie beide einen Espresso.

»Und einen Grappa?«, fragte die Kellnerin, weil er jedes Jahr jeden Abend einen Grappa trank.

»Ja bitte – einen doppelten. Und eine Davidoff dazu«, antwortete er.

»Was ist denn mit dir los?«, erkundigte sich seine Frau. »Wohl ist mir. Eben wie in den Ferien«, gab Burger zurück.

Lawinenverbauung

Es versprach wieder ein strahlender Wintertag zu werden. Beizeiten stand Andy auf und ließ sich von der Luftseilbahn in die Höhe tragen. Im Rucksack führte er sein Arbeitszeug mit, Kamera, Stativ und das ganze Zubehör, dazu auch die Felle. Er wollte nicht wie der große Haufen, kaum oben angekommen, die präparierte Piste hinunterrasen, sondern erst ein wenig steigen, eine halbe Stunde vielleicht, mindestens bis zur Lawinenverbauung. Von dort war der Blick noch schöner, und man konnte meinen, allein auf der Welt zu sein.

In der Bergstation begrüßte er Johann, der seit Jahren am Billettschalter saß.

»Ich kraxle zu der Verbauung hinauf«, sagte er ihm.

»Viel Vergnügen«, rief Johann hinter dem Glas.

Der Schnee begann schon, sulzig zu werden, so heiß war die Sonne. Andy stapfte hangaufwärts

und kam sich vor wie eine Ameise an einer weißen Wand. Er sah eine Tierspur, die hierogly-
phengleich ein seltsames Muster in den Schnee
zeichnete. Fast hätte er haltgemacht und die Kamera aus dem Rucksack geholt. Aber er sagte
sich, dass er dann vielleicht die Energie verlöre,
um weiterzusteigen.

Es dauerte ziemlich genau eine halbe Stunde,
bis er bei der Verbauung ankam. Eisenträger, in
Betonfundamente eingelassen, fingen die vom
darüber liegenden Steilhang herunterrutschen-
den Schneemassen auf und hinderten sie, die
Piste und womöglich auch die Bergstation unter
sich zu begraben. Jedes Jahr wurden so zwei
oder drei Lawinen aufgehalten. Jede von ihnen,
wusste Andy, hatte einen Namen, als sei sie ein
lebendiges Tier.

Um die Fundamente herum war der Schnee
weggeschmolzen. Andy schnallte die Skier ab,
lehnte den Rucksack an einen der Eisenträger,
löste die Felle und rollte sie zusammen. Das
müsste reizvolle Bilder geben, die große weiße
Berglandschaft, gebrochen durch den Sparren-
raster der Verbauung. Um die Aufnahmen zu machen, kletterte er auf einen der Betonblöcke und
zwängte sich mit Kamera und Stativ zwischen

den Eisenträgern hindurch. Es war nicht einfach, und er wusste natürlich, dass es gefährlich war. Wenn ein Schneerutsch von oben käme, würde er zerdrückt werden. Aber es würde schon nichts passieren.

Es war ein richtiger Fund. Er ließ die Landschaft durch den eisernen Zaun in große und kleine, senkrechte und schräge, parallele und verschobene Teile zerstückeln. Es sollte wie ein Puzzle aussehen, das zusammengehörte und doch nicht zusammengehörte. Er arbeitete wie besessen. Einmal ließ er den Gipfelkranz zerfließen und die Sparren scharf hervortreten, ein anderes Mal verschwammen die Träger im Vordergrund, und die Berge waren gestochen scharf. Noch nie hatte er diese vom vielen Fotografieren abgeleckte Landschaft so neu, so widerborstig, so schön gesehen. Erst als alles Filmmaterial verbraucht war, hörte er auf. Es wurde eine triumphale Abfahrt, mit der Beute im Rucksack.

Er wollte nicht warten, bis seine Ferientage vorbei waren. Ein Kollege am Ort überließ ihm sein Atelier am freien Nachmittag. Die Serie nahm ihm den Atem.

Während er sie ordnete, blieben seine Augen plötzlich an einem der Bilder haften, auf dem im

Vordergrund haarscharf das Fundament zutage trat. Durch den Beton lief ein tiefer Riss, der Eisenträger schien nur noch lose darin zu stecken.

Andy suchte die anderen Fotos mit scharfem Vordergrund heraus und sah sich auch darauf die Fundamente genau an. Er fand noch drei weitere schadhafte Betonklötze.

Um sicher zu sein, vergrößerte er die Ausschnitte. Auch sie zeigten deutlich den desolaten Zustand der Lawinenverbauung.

Seinem Kollegen sagte er nichts davon. Aber gänzlich schweigen konnte er nicht. Die großen Lawinen mit den berühmten Namen waren bis jetzt noch nicht gekommen, aber wenn sie an den Eisenträgern aufliefen, würden die Fundamente wahrscheinlich brechen. Es war nicht auszudenken, was geschehen würde, wenn die Lawinen zusammen mit dem Eisenzaun die vielbefahrene Piste hinunterdonnerten.

Für den Kurdirektor hatte er früher schon einmal ein paar Aufnahmen gemacht. Er ließ sich bei ihm einen Termin geben. Die Vergrößerungen mitsamt der ganzen Serie nahm er mit.

»Wundervolle Bilder«, schwärmte der Direktor.

»Bitte sehen Sie sich die Fundamente an. Alle

gerissen. Ich frage mich, ob sie dem Druck standhalten, wenn die Lawinen kommen.«

»Ach«, sagte der Direktor, »halb so schlimm. Wir kennen das. Ich versichere Ihnen, es besteht keine Gefahr.«

»Wirklich nicht? Mir scheint –«

»Wirklich großartige Bilder! Lassen Sie sie mir bis morgen hier?«

Andy versuchte noch einmal, den Direktor auf die schadhaften Fundamente aufmerksam zu machen. Er hörte nicht auf ihn.

»Diese Bilder. Damit müssen wir etwas anfangen. Etwas Großes. Und – gehen Sie mit dem Unsinn von den Fundamenten ja nicht zur Presse. Sie würden ausgelacht«, sagte er und komplimentierte ihn zur Tür hinaus.

Am Nachmittag des folgenden Tages saßen Andy, der Kurdirektor und der Präsident des Kurvereins am Konferenztisch im Büro des Kurdirektors. Vor ihnen lagen ausgebreitet die Bilder. Die Vergrößerungen fehlten.

»Wäre es nicht angebracht, die Piste zu sperren?«, sagte Andy.

»Dummes Zeug, mitten in der Saison«, raunzte der Präsident. »Die Dinger halten, dafür verbürgen wir uns. Wir sind hier die Fachleute.«

»Aber Ihre Fotos«, hob der Kurdirektor wieder an, »sind eine Wucht! Ein völlig neuer Aspekt unseres Ortes, des ganzen Tals. Wir schlagen Ihnen vor, dass wir damit unsere neue Werbung für die Wintersaison aufbauen. Wäre das kein Geschäft für Sie? Wir bieten Ihnen einen Vorvertrag an.«

Natürlich war es ein Geschäft für ihn. Das Geschäft, auf das er gewartet hatte. Das Geschäft, das ihn mit dem großen Geld in Kontakt brachte. Zu Ende die schäbige Freelancerei von der Hand in den Mund, das Gewiesel hinter Lokalereignissen her.

»Gleichzeitig veranstalten wir bei Saisonbeginn eine Ausstellung mit der ganzen Serie. Ich gratuliere Ihnen, das wird ein Erfolg.«

Er zog noch am gleichen Tag aus der Pension in ein Viersternehotel um und blieb statt sechs Tage zehn. Nur die Luftseilbahn mit der Piste unter der Lawinenverbauung mied er.

Bis in den Sommer hinein fuhr er immer wieder aus dem Unterland hinauf. Es gab viel Arbeit. Über neue Aufträge konnte er sich nicht beklagen. Die Werbung kam an, der Kurdirektor hatte nicht übertrieben. Es gab ein breites Echo in der Presse.

Die Vernissage fand an einem blendend schönen Tag Ende Januar statt, ebenso schön wie jener, an dem er zu der Lawinenverbauung hinaufgestiegen war. Andy sonnte sich in der allgemeinen Anerkennung und trank viel Weißwein, bis ihn ein leichter Nebel umhüllte.

Er sah den Kurdirektor mit ausgebreiteten Armen auf sich zukommen und hörte laut seinen Namen rufen. Der Direktor zeigte auf eins der Bilder, im Vordergrund überdeutlich der eiserne Raster mit den Betonfundamenten, dahinter verschwommen die Berge, und flüsterte ihm ins Ohr: »Und, hat es nicht gehalten? Sie Schlaumeier, uns mit so etwas zu kommen!«

In diesem Augenblick begann vor seinen Augen das Bild zu verblassen, als führe eine weiße Walze von oben nach unten darüber hin, und draußen setzte ein Donnern ein, wie er es noch nie gehört hatte.

Steinböcke im Feldstecher

»Was«, sagte Frau Bär zum alten Vontobel, als sie mit ihm und seiner Tochter nach dem Frühstück noch eine Weile plaudernd in der Hotelhalle stand, »Sie haben noch nie die Steinböcke gesehen?«

Der alte Vontobel schüttelte den Kopf.

»Sie kommen seit – wie vielen Jahren hierher?«

»Einundzwanzig«, sagte Vontobels Tochter Erna.

»Kommen seit einundzwanzig Jahren hierher, haben ein Zimmer zum Berg hin und haben noch nie die Steinböcke gesehen!« Frau Bär konnte es nicht fassen. Ihr Mann stieß sie von der Seite an, um ihr zu bedeuten, sie solle weniger laut sein.

»Haben Sie denn keinen Feldstecher bei sich?«, fragte Frau Bär, nun beinahe flüsternd.

»Nein«, antwortete der alte Vontobel.

»Dann leihe ich Ihnen meinen«, verkündete Frau Bär, wieder in voller Lautstärke. »Wenn Sie warten, hole ich ihn schnell herunter.«

Und schon eilte sie die Treppe hinauf. Keine drei Minuten später war sie zurück.

»Sie können ihn gern für die nächsten Tage behalten. Sie werden sehen, man wird ganz närrisch beim Anblick der majestätischen Tiere.« Und sie erklärte ausführlich und lautstark, wie der Feldstecher zu bedienen sei.

Der alte Vontobel bedauerte bereits, ihr Angebot nicht gleich abgelehnt zu haben. Was sollte er mit den Steinböcken? Einundzwanzig Jahre kam er jeden Winter für drei Wochen hierher, hatte nie etwas von Steinböcken gewusst und sie auch niemals vermisst. Warum sollte er jetzt plötzlich Steinböcke beobachten? Warum gar, wie Frau Bär behauptete, närrisch werden wegen der Viecher, da sie ihm doch vollkommen gleichgültig waren. Außerdem hatte er einen außerordentlich aufregenden Roman von Eric Ambler bei sich, von dem er sich kaum zu den Mahlzeiten losreißen konnte. Aber Vontobel war ein höflicher Mensch, Produkt einer generationenlangen gutbürgerlichen Erziehung. Und so nahm er den Feldstecher von Frau Bär mit Dank entgegen, sagte, wie glücklich er darüber sei, diese außerordentlichen Tiere endlich sehen zu können, und versprach, fleißig nach ihnen Ausschau zu halten.

Der Tag aber war denkbar schlecht dafür. Schon seit dem frühen Morgen fiel dichter Schnee. Die Berge waren bis tief hinab von Wolken und Nebel verhangen. Erna zog ihren blauen Kunststoffdress an, wie es jetzt Mode war. Ihr Skilehrer Caflisch, bei dem sie seit Jahren Stunden nahm, hatte heute seinen freien Tag. So schloss sie sich dem Ehepaar Rosenthal an, das bis nach Samedan hinunter und zurück laufen wollte, für Erna, immerhin inzwischen sechsundvierzig, eine angemessene, nicht zu anstrengende Tour. Vontobel fuhr nicht mehr Ski, und auch die Schlittschuhe ließ er seit Langem zu Hause. Jeden Tag eine gute halbe Stunde durch den Schnee, am Stock und gestützt auf Ernas Arm, reichte ihm.

Jetzt aber, als alle weg waren, hängte er sich Frau Bärs Feldstecher über die Schulter und fuhr gut gelaunt mit dem Lift nach oben. In seinem warmen, gemütlichen Zimmer, das nach Arvenholz roch, würde er sich ans Fenster setzen und den Roman weiterlesen. Gegen zwei Uhr würde er leichten Durst verspüren und die halbe Flasche Sekt aus dem Kühlschrank holen. Das war so gut wie ein Sonnentag. Heute, bei diesem Wetter, würde er das Haus gar nicht verlassen, zumal Erna sowieso erst um vier zurück sein würde. Gegen Abend hätte er den Roman zu Ende gelesen, und Erna könnte das Buch noch vor dem Abendessen in die Bibliothek zurückbringen und ein neues holen.

Oben angekommen, sah sich der alte Vontobel einem schwerwiegenden Problem gegenüber. An welches der beiden Fenster seines Zimmers sollte er sich nun setzen? An dem nach Westen war es auch dann heller, wenn die Sonne wie heute nicht schien. Dort stand der Sessel mit der gepolsterten Rückenlehne, daneben das runde Tischchen. Darauf lag, an der Stelle aufgeschlagen, wo Vontobel die Lektüre unterbrochen hatte, der Roman. Vom anderen Fenster aus schaute man nach Norden, gegen die Felsen.

Ambler lockte. Vontobel war an einer entscheidenden Stelle, und er, alter Jurist und Oberrichter im Ruhestand, verfolgte mit Vergnügen, wie die Schlinge sich zusammenzog.

Anderseits war er ein überaus korrekter Mensch. Da er Frau Bär sozusagen versprochen hatte, mit dem Feldstecher nach den Steinböcken Ausschau zu halten, wollte er es auch tun. Also besser jetzt gleich und nicht aufschieben, dachte er. Dann durfte er nachher um so fröhlicher zu Ambler zurückkehren.

Vontobel setzte sich an das Nordfenster und hielt den Feldstecher vor die Augen. Zuerst sah er nur einen milchigen Schleier. Er drehte so lange an den beiden Linsen, bis er die Zweige der Arven und einzelne aus dem Schnee ragende Felsblöcke unterscheiden konnte.

Sorgfältig, wie er früher Akten studiert hatte, suchte er den Hang ab, vor allem am Fuß der Felswände, weil er sich vorstellte, dass die Steinböcke dort vor dem schlechten Wetter geschützt waren. Aber er konnte keinen Steinbock ausmachen, keinen einzigen. Stattdessen erkannte er plötzlich eine Spur, die quer über das unberührte Schneefeld führte. Es war die Spur eines Skifahrers.

Vontobel war hocherfreut. Gab es das also noch, einsame Skiwanderer, die mit angeschnallten Fellen die Hänge hochstiegen, wie in seiner Jugend. Er folgte der Spur mit dem Feldstecher. Da war er: ein Mann, der kräftig ausholte. Er trug einen Rucksack, und – Vontobel drehte am Feldstecher – tatsächlich: Der Mann hatte ein Gewehr bei sich! Ein Jagdgewehr, wie Vontobel schwach erkennen konnte, bevor der Mann hinter einer Arvengruppe verschwand. Aber war denn die Zeit der Hochwildjagd nicht längst vorbei? In Vontobel rührte sich der Jurist. Wenn es keine Hochwildjagd mehr war und ein Mann mit einem Gewehr an den Hängen herumstieg, wo es Steinböcke gab, dann musste es ein Wilderer sein, und der gehörte angezeigt und abgeurteilt.

Vontobel wusste, dass in der Gegend viel gewildert wurde und dass unter der einheimischen Bevölkerung das Urteil über das Vergehen schwankte. Wilderer galten als Schwerverbrecher – ihre Geschichten endeten oft mit Mord und Totschlag – und gleichzeitig als Helden, als Verteidiger einer freien und uneingeschränkten Jagd, diesem Symbol der Freiheit. Vontobel selbst hatte nie gejagt, aber in seinem Freundeskreis gab es zahlreiche Jäger. Sie alle hatten, wenn er es sich recht überlegte, etwas Abenteuerndes, Freiheitsdurstiges, Unberechenbares an sich. Und er wusste aus ihren Erzählungen, dass eine Revierjagd im Unterland nicht zu vergleichen war mit einer Hochwildjagd, insbesondere in Graubünden.

Da suchte er zum ersten Mal mit dem Feldstecher nach Steinböcken, und gleich lief ihm ein Wilderer vor die Linse! Ach was, Wilddieb, dachte Vontobel. Es wird der Jagdaufseher sein. Er hatte, weil die Augen ihm zu tränen begannen, den Feldstecher aufs Fensterbrett gelegt. Nun setzte er ihn wieder ans Auge und suchte noch einmal nach der Arvengruppe, ob er den Jäger darin entdecken konnte. Es war zu spät. Der Mann musste über das Schneefeld abgefahren sein. Vontobel sah die neue Spur. Sie verlief weiter unten im Wald.

Vontobel legte den Feldstecher weg und ging zum andern Fenster, zu seinem Buch. Aber obwohl er der Fortsetzung des Romans entgegengefiebert hatte, vermochte dieser ihn jetzt nicht zu fesseln. Immer wieder fuhr der Skifahrer mit dem Jagdgewehr zwischen den Sätzen hindurch. Er ließ sich nicht vertreiben. Schließlich klappte Vontobel ärgerlich den Ambler zu. Er ging ans Telefon und rief die Gemeindekanzlei an. Eine freundliche Dame bestätigte ihm, dass die Hochwildjagd zu Ende sei. Der Jagdaufseher? Er heiße Giovanelli. Sie gab Vontobel die Nummer.

Sollte er wirklich anrufen? Würde nicht der Eindruck entstehen, hier wolle ein alter Mann sich wichtig machen? Vontobel fürchtete sich vor nichts so sehr, als für arteriosklerotisch gehalten zu werden. Handelte es sich jedoch wirklich um einen Wilderer, dann war er als Bürger verpflichtet, seine Beobachtung zu melden, damit dem

Dieb das Handwerk gelegt werde. Ob Dieb oder Jagdaufseher aber war nur festzustellen, wenn Vontobel anrief. War Giovanelli zu Hause, dann hatte Vontobel einen Wilderer gesichtet. War Giovanelli nicht zu Hause, war alles offen. Dann konnte er es sein, der den Steinböcken nachstieg, oder es konnte ein Unbefugter sein.

Vontobel wählte die Nummer und ließ es mindestens zehnmal läuten. Giovanelli meldete sich nicht.

Um halb fünf kehrte Erna zurück. Mit vom Wind gerötetem Gesicht schaute sie bei ihm herein, bevor sie ins Bad ging. Er saß am Westfenster und tat so, als lese er im Ambler.

»Ist alles gut?«, fragte Erna.

»Alles ausgezeichnet. Und bei dir?«

»Bei mir auch. Ziemliche Strecke bis Samedan und zurück. Man merkt, dass man nicht mehr zwanzig ist.«

Nachdem sie ihr Bad genommen hatte, kam sie zu ihm herüber, mit Schreibzeug und einem Haufen Ansichtskarten.

»Ich muss endlich ein wenig schreiben.«

Sie setzte sich, das Gesicht dem Vater zugewandt, an den Tisch. Dort lag der Feldstecher.

»Hast du Steinböcke gesehen?«

»Keinen einzigen.«

»Gib zu, dass du überhaupt nicht hingeschaut hast.«

»Doch, habe ich. Lange sogar. Aber es war nichts zu sehen. Den Steinböcken wird das Wetter zu schlecht gewesen sein.« Über seine Beobachtung ebenso wie seine telefonischen Unternehmungen schwieg er. Er fürchtete ihr nachsichtiges Lächeln. Er wollte auch bei ihr nicht für verkalkt gelten.

Er schaute seiner Tochter zu, wie sie, den Kopf etwas schräg, an Freunde und Verwandte Kartengrüße schrieb. Nun war sie auch schon sechsundvierzig, unverheiratet, und lebte immer noch bei ihm. Männerbekanntschaften hatte es einige gegeben, die erste, als sie noch nicht zwanzig gewesen war. Aber es war in seinen Augen keiner darunter gewesen, der als Ehemann für seine Tochter ernsthaft infrage gekommen wäre. Seine Frau, vor fünfzehn Jahren gestorben, war in dieser Beziehung nicht immer seiner Ansicht gewesen.

»Kaum hat das Mädchen einen Mann kennengelernt, fällst du auch schon das Urteil. Gib dem Kind doch wenigstens Gelegenheit, Erfahrungen zu machen.«

Das hatte er für unverantwortliches Gerede gehalten und auch gesagt.

Jetzt, als er auf das älter gewordene Gesicht seiner Tochter schaute, fragte er sich, ob seine Frau nicht doch recht gehabt hatte. Lag nicht ein Schatten von Enttäuschung auf dieser Stirn, in diesen Augen, um diesen Mund? Seit dem Tod seiner Frau hatte Erna niemals mehr Heiratspläne geäußert, anscheinend auch keine ernsthaften Bekanntschaften mehr gehabt. Sie hatten sich beide an den unausgesprochenen Gedanken gewöhnt, dass Erna bei ihm bleiben würde.

»Was denkst du?« Erna hob den Kopf.

»Ach, nichts Wichtiges«, sagte er. »Gehst du morgen wieder auf die Piste?«

»Nein, ich bin wieder mit Rosenthals verabredet. Caflisch macht morgen noch einmal frei.«

Punkt sieben fuhren sie wie immer zum Nachtessen hinunter. In der Halle saß Frau Bär und wollte wissen, ob er Steinböcke gesehen habe. Nein, sagte er, obwohl er sich alle Mühe gegeben habe.

»Es hat Zeit. Sie reisen ja noch nicht so bald ab.«

»In fünf Tagen erst«, antwortete Vontobel.

»Dann behalten Sie den Feldstecher bis dahin. Die Steinböcke werden sich schon blicken lassen.«

Er dankte und war froh, dass sie ihm das Glas ließ. Hätte sie es zurückhaben wollen, hätte er sie sogar darum gebeten, es wenigstens morgen noch einmal benutzen zu dürfen.

Nach dem Essen, das wie immer großartig schmeckte, kam Frau Rosenthal an ihren Tisch.

»Ich muss Ihnen einmal zu Ihrer Tochter gratulieren, Herr Vontobel. Sie sorgt nicht nur selbstlos für ihren Vater, sie ist auch eine exzellente Langläuferin. Ließ uns heute alle weit hinter sich.«

Er nickte und war stolz auf Erna. Der Mann unter den Felsen verschwand langsam in dem wohltuenden Nebel, den der Veltliner über sein Gehirn legte.

In der Halle war ein Büfett aufgebaut, und als Vontobel mit Erna aus dem Speisesaal kam, trafen gerade die ersten Gäste ein. Die Gemeinde gebe einen Empfang für einen ihrer Bürger, der ins eidgenössische Parlament gewählt worden sei, hieß es. Vontobel sah Frau Bär bei einem bäuerlich aussehenden, kräftigen Mann stehen. Sie erblickte Vontobel und rief: »Mir wollen Sie es ja nicht glauben. Aber hier haben Sie den Mann, der am besten über Steinböcke Bescheid weiß. Darf ich vorstellen: Herr Giovanelli, der Jagdaufseher hier, also sozusagen der Vater aller Steinböcke.«

War das der Mann, den er unter den Felsen gesehen hatte? Vontobel konnte es nicht sagen. Aber es musste ja leicht herauszufinden sein. Nur vorsichtig musste er sein. Er wusste, wie schnell man über alte Männer grinste.

»Wissen Sie eigentlich, wie viele Steinböcke da drüben in den Felsen sind?«, fragte er.

»Etwa dreißig, schätzt man«, erwiderte der Jagdaufseher in seinem gutturalen Dialekt.

»Und Sie zählen sie?«

Ja, man gehe gelegentlich hinauf, um nachzusehen.

»Auch im Winter?« Vontobel rückte der Sache näher.

»Im Winter weniger.«

»Und sicher nicht bei einem solchen Wetter wie heute?«

»Sicher nicht«, sagte Giovanelli. Heute sei er im Fextal gewesen, fügte er hinzu.

Nun wusste Vontobel, was er wissen wollte. Der Mann mit dem Gewehr war nicht der Jagd-

aufseher gewesen. Wenn es aber nicht der Jagdaufseher gewesen war, dann blieb nur noch ein
Wilddieb. Vontobel konnte die Freude, die in ihm
aufstieg, nur schwer unterdrücken. Er hatte einen
Wilderer bei seinem illegalen Tun beobachtet!

Er überlegte, ob er dem Jagdaufseher gegenüber eine Bemerkung fallen lassen sollte. Aber
das mochte so aussehen, als spielte er sich auf.
So schwieg er lieber.

In dieser Nacht konnte er nicht schlafen. Er
war aufgeregt, und ihm kam es vor, als hätten
seine Ferien nach vielen Jahren endlich einen
Sinn bekommen. Wäre er eigentlich immer noch
ins Engadin gefahren, wenn nicht Erna darauf
bestanden und behauptet hätte, es sei gut für
seine Gesundheit? Wohl kaum. Jetzt aber war er
einem Wilderer auf die Schliche gekommen. Am
Fenster lag der Feldstecher für morgen parat.
Vontobel würde den ganzen Tag beschäftigt sein.

Nervös wartete er, bis Erna nach dem Frühstück wieder mit Rosenthals wegging. Das Wetter
war wie gestern, düster verhangen, Schneefall,
die Berggipfel in Wolken gehüllt. Vontobel rückte
den Sessel in die günstigste Position, schob den
Tisch in Griffnähe und legte auch, falls längere
Wartezeiten zu überbrücken waren, den Ambler

bereit. Er schaute hinaus. Noch war es zu dunkel. Vorläufig kam der Ambler zum Zug.

Gegen Mittag wurde es etwas heller. Vontobel griff nach dem Feldstecher, und die Suche begann. Systematisch ließ er seinen Blick über die Schneefelder streifen, über die Felsen, an den Waldrändern entlang, zwischen den einzelnen, allein stehenden Arven hindurch. Trotz des Wetters war die Sicht nicht schlecht. Vontobel erkannte Spuren. Keine Skispuren, sondern Wildspuren, eine ganze Menge. Und dann sah er, im Schutz eines Felsens, die Tiere, ein Rudel Steinböcke. Er zählte. Mindestens ein Dutzend musste es sein.

Noch vor vierundzwanzig Stunden hätten ihn die Tiere nicht interessiert. So viele Jahre hatte er keine Steinböcke gesehen. Wozu also jetzt? Er hätte im Lexikon nachschlagen können. Dort gab es sicher eine Abbildung. So hatte er gestern gedacht. Heute war alles anders. Elektrisiert folgte er jeder Bewegung des Rudels. Atemlos schraubte er am Fernglas und ließ kein Auge von den Tieren.

Einem andern ging es ebenso. Vontobel sah ihn erst nach einigen Minuten. Bewegungslos stand er auf einem Felsvorsprung, etwa hundert

Meter weiter rechts oberhalb der Tiere. Der Wilderer.

Die Skier hatte er hinter sich in den Schnee gesteckt. Das Jagdgewehr hing quer über dem Rücken. Er stand, als wäre er selbst ein Stück Fels, schwarz vor dem Schneeweiß, und beobachtete die Steinböcke, wie Vontobel jetzt ihn. Durch den Feldstecher spürte Vontobel die Spannung. Der dort war ein Gefangener, ein Häftling der Steinböcke, von ihnen gefesselt und verflucht, auf jenem Stein zu stehen und zu warten. Ihre gelben Augen hatten ihn gebannt. Vontobel glaubte, gelesen zu haben, Steinböcke hätten gelbe Augen mit einem waagerechten schwarzen Strich.

Vontobels Augen kehrten zu den Steinböcken zurück.

Das Rudel schob sich langsam nach links. Gravitätisch wippten die Hörner beim Schreiten auf und ab. Der Wind kam von vorn. Sie konnten den nahen Feind nicht riechen. Aber Vontobel konnte ihn sehen. Die Bewegung der Tiere hatte auch den Wilderer beweglich gemacht, als wäre er durch Fäden mit ihnen verknüpft. Die Skier ließ er stecken. Er folgte ebenso langsam, in sicherem Abstand. Aber das schien nur so. Schnell erkannte Vontobel die List. Der Wilderer wollte die

Steinböcke oberhalb umgehen, um dann, durch einen großen Felsen geschützt, auf sie zu warten. Geradewegs vor die Mündung seines Gewehrs wollte er sie stolzieren lassen.

Vontobel hätte jetzt gern seinerseits ein Gewehr gehabt und geschossen, um die Tiere zu warnen und dem Wilddieb einen Misserfolg zu bescheren. Wollte er das wirklich? Zitterte er nun um die Tiere oder wartete er auf den Schuss?

Der Mann hatte inzwischen das Gewehr von seiner Schulter genommen und hielt es schussbereit auf den Knien.

Die Tiere näherten sich ahnungslos dem Felsen. Vontobel hechelte hinter seinen Gläsern wie ein Jagdhund. Er wagte kaum, den Blick von den Tieren zum Jäger zurück zu wechseln, aus Furcht, die Steinböcke zu verjagen.

Der Wilderer hob das Gewehr an die linke Wange. Linkshänder, vermerkte Vontobel.

Der erste der Steinböcke schritt mit geradem Rücken auf ihn zu. Da fiel der Schuss. Vontobel hörte ihn nicht. Doch er erkannte ihn am Gewehr des Schützen und am Tier. Die andern Steinböcke standen bewegungslos, dann wandten sie sich um und jagten aufwärts davon. Der erste aber hatte einen Sprung getan und war zusammengebrochen. Der Wilderer stand auf und stieg zu dem geschossenen Tier hinunter. Er nahm es wie einen Schlitten bei den Hörnern und schleifte es in den Schutz der tiefer stehenden Arven. Aber Vontobels Blick verfolgte ihn. Gebannt sah er zu, wie der Wilddieb im Schutz der Arven das erlegte Tier zu einem Paket zusammenschnürte. Er beobachtete ihn, wie er aufstieg, um seine Skier zu holen, und mit dem toten Steinbock zu Tal fuhr. Im tiefer liegenden, dichter werdenden Wald verlor er ihn aus den Augen. Er legte den Feldstecher auf den Tisch und merkte erst jetzt, dass er vergessen hatte, wie jeden Mittag seinen Sekt zu trinken.

Vontobel schaute auf die Uhr. Es war beinahe zwei. Was musste er jetzt tun? Die Polizei anrufen? Er hatte zwar alles klar und deutlich durch den Feldstecher gesehen, aber würden sie ihm glauben? Zu viel hatte er vom Zusammenhalt der Bündner gehört. Bald würde Erna zurückkommen. Sollte er ihr etwas erzählen?

Sie überraschte ihn, als er gerade die Champagnerflasche verschloss. Er erzählte, und sie hörte zu, während sie sich die Fingernägel lackierte.

»Du musst unbedingt die Polizei anrufen«, sagte sie, nachdem sie sich alles angehört hatte. »Es ist deine Pflicht.«

Er zögerte immer noch.

Nachdem die Nägel trocken waren, schrieb Erna wieder Karten. »Willst du nicht anrufen?«, fragte sie.

Er konnte sich nicht entschließen.

Später sagte sie, sie bringe die Karten zur Post, und als sie zurückkam, erzählte sie, sie habe den Polizisten gesehen. Er werde im Laufe des Abends vorbeikommen. Und dann habe sie bei Caflisch hineingeschaut, ihrem Skilehrer, und ihn endlich wieder einmal zum Nachtessen eingeladen.

Sie saßen schon am Tisch, Vontobel und Erna, und warteten auf den Skilehrer. Als er den Saal betrat, wusste Vontobel, dass er der Wilderer war. Die Größe, die Bewegungen, alles stimmte.

Erna war an diesem Abend zurückhaltend aufgeräumt. Vontobel lag auf der Lauer wie am Nachmittag der Wilderer. Er beobachtete den Mann, der ihm gegenübersaß.

»Mein Vater hat heute eine aufregende Entdeckung gemacht«, sagte Erna. »Er hat einen Wilderer auf frischer Tat beobachtet.«

Zuckte der Skilehrer zusammen? Vontobel war sich nicht sicher.

Caflisch fragte: »Und, haben Sie den Mann erkannt?«

Da Vontobel verneinte, schien ihn das Thema nicht weiter zu interessieren.

Beim Kaffee vereinbarten der Skilehrer und Erna die Stunden für die kommenden Tage. Er holte eine kleine Agenda aus der Tasche und schrieb die Zeiten auf. Er schrieb mit der linken Hand.

Der Skilehrer verabschiedete sich früh. Er habe einen anstrengenden Tag gehabt. Erna schien es zu bedauern. Sie blieb zusammen mit ihrem Vater in der Halle sitzen, um auf den Polizisten zu warten.

»Sie hätten einen Wilderer beobachtet, Herr Oberrichter, sagte mir Ihre Tochter.«

Vontobel blickte dem Polizisten strahlend ins Gesicht.

»Ja, und ich kann Ihnen auch sagen, wer es ist. Der Mann, der vor fünf Minuten das Hotel verließ. Der Skilehrer Caflisch, der hier gleich nebenan wohnt. Ich habe ihn deutlich erkannt.«

Erna ließ einen kleinen Schrei des Entsetzens hören.

»Hab ich schon lange vermutet«, sagte der Polizist. »Dann wollen wir ihm doch gleich einmal einen Besuch abstatten.«

»Ich begleite Sie«, rief Erna.

»Wenn Sie mögen«, sagte der Polizist.

Vontobel blieb allein zurück und schaute den beiden nach. Da trat Frau Bär auf ihn zu.

»Sie hatten den Skilehrer Ihrer Tochter zu Gast? Ich glaube doch, Herr Vontobel, ich bin es Ihnen schuldig zu sagen, was man so hört. Ihre Tochter soll ja, und das nicht erst seit gestern, mit diesem Caflisch, der da drüben bei seiner Mutter wohnt, unverheiratet, also sie soll –«

Seit Jahren bestand Erna darauf, dass sie für drei Wochen hierher fuhren. Jedes Jahr sagte sie wieder, wie gut es ihm bekomme, und reservierte, ohne ihn zu fragen, gleich wieder für das nächste Jahr.

Plötzlich hörte er einen Tumult und sah seine Tochter auf sich zustürzen. Ihre Augen waren gelb vor Hass, wie die Augen der Steinböcke. Er sah, dass sie das Jagdgewehr auf ihn gerichtet hielt, und nun hörte er den Schuss.

Hörte er ihn noch?

Der Herr Baron

Es war einer dieser blendenden Februartage, wie sie so grell nur im Engadin möglich sind. Sie zerrütten dir langsam die Nerven und bringen dich um deine Kräfte, weil sie dich nachts nicht schlafen lassen.

Wir waren kurz vor Mittag aufgebrochen, mit dem Postauto bis Sils Maria gefahren und von dort über den gefrorenen See nach Maloja marschiert, hatten eine Kleinigkeit gegessen, dabei festgestellt, dass wir zu müde für den Rückmarsch waren, hatten also noch einmal, in umgekehrter Richtung, das Postauto genommen und waren schon gegen drei Uhr wieder im Hotel.

Ehe wir in unser Zimmer hinauffuhren, nahmen wir einen Drink an der Bar. Um diese Zeit saß gewöhnlich niemand in der Halle, und die Barhocker standen unnütz am Tresen. Alle Gäste waren draußen an der Sonne und im Schnee.

An diesem Tag jedoch, es war ein Sonntag, saß einer, ein einziger, da, ein älterer Herr. Er trank ein Bier, rauchte einen sehr dünnen Zigarillo in einem Halter aus Bernstein und schrieb eine Ansichtskarte. Diese Ansichtskarte schien ihm Mühe zu bereiten. Beim Schreiben lag er mehr über der Theke, als dass er saß. Jedes Mal, wenn der Kellner von hinten auftauchte, redete der Mann auf Italienisch mit ihm. Der Gast war unauffällig, jedoch teuer gekleidet, Kamelhaarjackett mit Hemd und Krawatte, darüber ein dunkelblauer Lodenmantel, den er trotz der Wärme in der Halle nicht auszog. Er trug eine dicke Brille. Verschwand der Kellner, beugte sich der Mann wieder über seine Ansichtskarte, las kurzsichtig das Geschriebene und schrieb weiter.

Der Gin Tonic stillte unseren Durst nicht, wir wollten noch ein Bier bestellen. Ich trat an die Bar. Da der Kellner auf sich warten ließ, kam ich mit dem Kartenschreiber ins Gespräch. Sofort fielen mir sein gewähltes Italienisch auf und seine tadellosen Umgangsformen. Er sagte: »Es ist genauso schönes Wetter wie vor einer Woche. Da war ich auch hier. Im Winter komme ich, wenn möglich, jeden Sonntag aus dem Mailänder Smog herauf.«

Sein Gesicht war von der Sonne gerötet. Auch er bestellte sich noch ein Bier. Der Kellner redete ihn mit ›Barone‹ an.

»An Tagen wie heute begreift man, dass Nietzsche von dieser Gegend geradezu magnetisch angezogen wurde und dennoch hier nicht bleiben konnte. Es geht einem beinahe gleich. Diese Blendung halten unsere Augen, hält unser Gehirn kaum aus.«

»Nietzsche soll in Italien gegenwärtig eine richtige Renaissance erleben«, meinte ich.

»Ja«, sagte der Mann, »er hat sicherlich einen starken Einfluss auf die zeitgenössische Philosophie. Denken Sie an Vattimo und andere, Vattimo ist nur der bekannteste. Das hängt natürlich auch mit den Herausgebern der kritischen Gesamtausgabe zusammen, die beide Italiener sind.«

Meine Frau war inzwischen zu uns getreten. Wir hatten unser Bier bekommen und getrunken, und ich unterschrieb die Rechnung mit Zimmernummer und Namen. Wir wünschten dem Kartenschreiber einen guten Tag und fuhren mit dem Lift in unser Zimmer hinauf.

Nicht einen Abend verbrachten wir, an dem wir nicht das Bündner Tagblatt lasen. Drei Tage später, am Mittwoch, lasen wir, dass in Mailand ein Mörder umgehe. In der Nacht von Samstag auf Sonntag war wieder eine junge Frau auf dem Rückweg von einer Party auf dieselbe Weise wie drei vor ihr umgebracht, nämlich mit bloßen Händen erwürgt worden, das vierte Opfer innerhalb von fünf Wochen. Und jedes Mal bekamen die Angehörigen in den Tagen darauf eine Ansichtskarte aus dem Engadin mit peinlich genauer Schilderung des Tathergangs, und jedes Mal am Sonntag abgeschickt. Nina las mir die Notiz vor, wie man sich in den Ferien kurze Zeitungsnotizen vorliest.

»Passt genau auf unsern Mann vom Sonntag an der Bar«, sagte sie und lachte.

Das grelle Wetter hielt die ganze Woche über an. Am Sonntag darauf marschierten wir durch den Wald bis nach Pontresina. Hungrig geworden, beschlossen wir einzukehren. Wir fanden einen freien Tisch und bestellten. Als wir fertig gegessen hatten, stieß Nina mich an. »Schau dich einmal um, aber unauffällig. Hinten in der Ecke. Der Mailänder Mörder.«

Dort saß der Baron und schrieb, tief über den Tisch gebeugt, eine Ansichtskarte, trank ein Bier und rauchte in der gelben Bernsteinspitze einen dünnen Zigarillo. Trotz meiner Vorsicht wurde er auf uns aufmerksam. Er kam herüber und setzte sich auf den freien Stuhl, nicht ohne uns, insbesondere Nina, um Erlaubnis gebeten zu haben.

»Sagten Sie nicht, Sie hätten in Basel studiert?«

»Ja.«

»Dann wissen Sie sicher – Sie erinnern sich, wir unterhielten uns vor einer Woche über Nietzsche –, wie der Professor Overbeck aus Basel seinen Freund 1889 heimholte, nachdem Nietzsche in Turin wahnsinnig geworden war und an Overbeck und auch an Jacob Burckhardt Karten geschrieben hatte, die entweder mit ›Antichrist‹ oder mit ›der Gekreuzigte‹ unterzeichnet waren.«

»Dieser Overbeck«, antwortete ich, »war Professor der Theologie, beharrte aber für seine Person darauf, als solcher kein Christ zu sein, ja, keiner sein zu können.«

»Ein interessanter Mann. Ich habe vor Zeiten sein Buch über die Christlichkeit der Theologie gelesen«, sagte der Baron.

Ich war beeindruckt.

»Und Sie – schreiben Karten wie Nietzsche?«, fragte Nina.

Der Baron schaute sie an.

»Ein großes Wort, das Sie gelassen aussprechen, Signora«, entgegnete er und verabschiedete sich.

»Also doch der Mörder«, sagte Nina lachend, als wir auf dem Heimweg am Stazersee vorbeikamen.

Im Hotel erzählten wir dem Kellner an der Bar, dass wir in Pontresina den Baron getroffen hätten.

»Oh, ein sehr freundlicher Herr, sehr fein und sehr gebildet«, meinte der Kellner.

»Er schrieb eine Postkarte. Wie letzten Sonntag.«

»Er schreibt jedes Mal, wenn er hier ist, eine Postkarte«, antwortete der Kellner.

»Wie dieser Mörder aus Mailand«, sagte Nina.

Daraufhin erzählte uns der Kellner, seine italienische Sonntagszeitung habe schon wieder von einem Mord berichtet.

»Also vielleicht halt doch unser Mann«, warf Nina ein.

»Das ist nicht Ihr Ernst, Signora«, sagte darauf der Kellner. »Ein derart nobler Herr, so freundlich und so gebildet. Ausgeschlossen.«

Wir leerten unsere Gläser, ich unterschrieb die Rechnung. Irgendwie erleichtert gingen wir zum

Lift und fuhren nach oben, um uns fürs Abendessen umzuziehen.

Die Gewohnheit, jeden Abend das Bündner
Tagblatt zu lesen, gaben wir in diesen Ferien auf.

Miss Stamps will ihre Ruhe haben

Jedermann im Hotel wusste, dass Miss Stamps, die jedes Jahr von der zweiten bis zur letzten Februarwoche die teuerste Suite mit Blick auf den Silsersee und La Margna belegte, in Wirklichkeit Angela Lightington war, Autorin eines guten Dutzends Kriminalromane, die zum Besten gehörten, was es in dem Genre gab. Man kannte Miss Lightington; schließlich war ihr Bild auf der hinteren Umschlagseite jedes ihrer Bücher zu sehen. Sie standen, kongenial übersetzt von Henriette Kiechlhuber, vollzählig in der nahen Leihbibliothek. Aber niemand im Hotel las, wenigstens nicht in der Öffentlichkeit, einen der Romane von Angela Lightington, und schon gar nicht redete jemand Miss Stamps an, weder mit ihrem wirklichen noch mit ihrem ferienhalber angenommenen Namen. Wie selbstverständlich hatte sich in all den Jahren ein Mantel der Diskretion um die alleinstehende und nicht mehr junge Dame gelegt, in den sie sich kuschelte und in dem sie sich sichtlich wohlfühlte.

Als im vorletzten Februar eine junge vorwitzige Mutter zweier Kleinkinder, die schon wegen ihrer durchdringenden Stimme im Speisesaal unangenehm aufgefallen war, eines Abends, während Miss Stamps gerade die Riesenscampi vom Grill zerlegte, auf sie zusteuerte, eins der Bücher in der Hand, und, für alle hörbar, um ein Autogramm bat, wurde das allgemein als ein unerhörter Stilbruch empfunden und nach dem Essen bei den Gesprächen in der Halle entsprechend scharf gerügt. Im folgenden Jahr bekamen die Frau und ihre Familie auf Anfrage hin den Bescheid, man bedaure, aber das Hotel sei für die ganze Wintersaison ausgebucht. Miss Stamps machte, kaum angekommen, dem Direktor gegenüber eine dankbare Bemerkung.

»Wir tun für das Wohl unserer Gäste, was wir können«, nickte dieser.

Nachtessen gab es ab neunzehn Uhr. Miss Stamps fuhr um neunzehn Uhr zehn mit dem Lift nach unten. Sie liebte spätes Essen nicht. Signor Bruno, der Chef de Service, begleitete sie an ihren Tisch. Wie jedes Jahr war auch diesmal der Tisch hinten links in der Ecke für sie reserviert.

Von hier aus sah sie alle, und kaum jemand sah sie. Noch waren nur wenige Leute beim Essen. Weit von ihr entfernt das alte Ehepaar; er, emeritierter Professor für Theologiegeschichte an einer deutschen Universität, redete ununterbrochen. Die beiden waren jedes Mal für vierzehn Tage zu Gast. Dann gab es einen einsamen jüngeren Mann, den Miss Stamps noch nie gesehen hatte, und das Ehepaar um die sechzig, das ihr am nächsten saß, war ihr ebenfalls unbekannt. Der Mann hatte ein rotes Gesicht. Die Suppe löffelte er mit aufgestützten Ellenbogen. Zu hoher Blutdruck, dachte Miss Stamps, und schlechte Erziehung.

Sie wählte als zweite Vorspeise Fisch und bestellte zu dem Veltliner, den sie sonst immer trank, eine Flasche waadtländischen Weißwein.

»Der Koch wird hoffentlich derselbe sein«, bemerkte sie zum Kellner in ihrem gebrochenen und sehr englisch gefärbten Italienisch.

Der Kellner nickte beruhigend. Hier änderte sich nichts. Weder die Gäste, noch die Köche.

Miss Stamps, sonst sehr zurückhaltend und etwas steif, lachte, rieb sich vor Vergnügen überschwänglich die Hände und besah sich das junge Paar, das den Speisesaal betrat.

Der Weißwein wurde eingeschenkt. Sie kostete sein erfrischendes Bouquet. Die klare Suppe zu Anfang war köstlich. Miss Stamps freute sich auf den Fisch. In dem Augenblick, als der Kellner ihn servierte, mattweiß auf dem dunklen Grün des Blattspinats, begann das Theater.

Der Mann, dessen mangelhafte Tischmanieren ihr aufgefallen waren, beschwerte sich beim Kellner über den Salat, so meinte Miss Stamps zu verstehen. Mit jedem Satz wurde er lauter, sodass Miss Stamps gezwungen war mitzuhören. Er bezahle für dieses Essen keinen solchen Preis. Dann steigerte er die Lautstärke noch weiter. Die Suppe aus dem Fleisch von vorgestern, das Stückchen Fisch, das man mit der Lupe suchen müsse, und jetzt dieses lampige Zeug. Gestern sei das Fleisch nur lauwarm gewesen, heute mute man einem abgestandenes Grünfutter zu. Wenn das so weitergehe –

Der Kellner versuchte eifrig und erfolglos, dem Mann, dessen Kopf rot und immer röter wurde, etwas Beruhigendes zu sagen. Dieser ließ niemanden zu Wort kommen, auch nicht seine Frau. Er stieß ihre Hand weg, und der Kellner stand neben ihm mit steifem Rücken und stumpf werdendem Gesicht, als wäre er taub.

Der Kopf des Mannes war jetzt tiefrot, wechselte zu blau, und aus seinem verzerrten Mund kamen Wörter wie Betrug, Abriss, Gaunerei und miserabler Fraß.

Auf einmal verschluckte er sich. Er begann, furchtbar zu husten. Der Kellner nutzte die Gelegenheit und machte sich aus dem Staub. Die Frau stand auf und schlug dem nach Luft Ringenden mit der flachen Hand auf den Rücken, bis der Husten nachließ.

Kaum war er vorbei, schimpfte der Mann weiter, zwar leiser – Miss Stamps verstand nichts mehr –, aber in einem fortdauernden Strom, der erst versiegte, als das Ehepaar mit dem Essen fertig war und aufstand.

Miss Stamps' Messer, mit dem sie das Lammkarree zerteilte, zitterte leicht, und da sie mit Nachschenken nicht warten wollte, bis der Kellner kam, verschüttete sie Wein aufs Tischtuch. Das Essen war ihr verdorben. Wie sie solche Auftritte fürchtete und hasste! Sie brachte es nicht fertig, wie andere unbeteiligt dazusitzen und sich nicht stören zu lassen.

Sie würgte eilig den Nachtisch herunter, dann stand sie auf. Gern hätte sie noch eine Weile in der Halle gesessen, um eine Zigarette zu rauchen, aber als sie sah, dass sich der Mann mit seiner Frau an einem der Rauchtischchen niedergelassen hatte, verzichtete sie. Sie wusste, sie würde nicht anders können, als gespannt hinzuhorchen und zu fürchten, der Redeschwall breche von Neuem los.

In der ersten Nacht schlief Miss Stamps nie gut: Es war eine Frage des Reizklimas und der Höhe. Aber diesmal schloss sie kein Auge. Der unangenehme Mensch mit dem roten Kopf und dem lauten Reden gönnte ihr keine Ruhe. Am liebsten wäre sie mitten in der Nacht aufgestanden und davongelaufen. Sie kam sich wie eingeschlossen vor.

Am Morgen, beim Frühstück, sah sie den Mann und seine Frau nicht. Wer weiß, vielleicht waren sie abgereist. Wenn nicht, dann hatte er gestern vermutlich einen schlechten Tag gehabt und benahm sich heute wieder wie ein zivilisierter Mensch. Miss Stamps schalt sich wegen ihrer Empfindlichkeit und nannte sich eine hysterische Gans. Sie musste über sich selber lachen.

Es war ein strahlender Tag. Um elf brach sie zu einem dreistündigen Marsch über den zugefrorenen See nach Maloja und zurück auf. Dann schlief sie bis gegen fünf, später schrieb sie. Es waren erste, lose Gedanken zu einem neuen Roman, dessen Gestalt sich noch nicht zeigen wollte. Danach ließ sie ein Bad einlaufen und genoss das heiße Wasser. Sie spürte am knurrenden Magen, dass sie seit dem Frühstücksbüfett nichts mehr gegessen hatte.

In einem neuen Kleid mit farbiger Schleife am Hals und weißen Manschetten fuhr sie nach unten. Am Nebentisch saß bereits der Mann mit seiner Frau, hatte die Ellenbogen aufgestützt und zerrte mit der Gabel missmutig etwas für Miss Stamps Unerkennbares auseinander. Sie hörte schon von Weitem sein meckerndes Gerede. Es war nicht besonders laut, aber durchdringend. Er klagte mit tiefrotem Kopf über das Essen, die Bedienung, das Hotel.

Zweimal sagte die Frau: »Denk an deinen Blutdruck, Willi.«

Er hörte nicht auf. Der Kellner näherte sich ihm wie einer entsicherten Granate und schob ihm mit leicht abgewandtem Oberkörper den Teller hin. Und Willi zeigte mit dem Finger darauf und schimpfte, noch bevor er gekostet hatte.

Miss Stamps aß ohne Freude, obwohl es sautierte Poularde als Hauptgang gab, die sie besonders gern hatte. Vor Aufregung hatte sie, so bemerkte sie beim Hinausgehen, etwas zu viel Veltliner getrunken. Sie mochte sich nicht in die Halle setzen, sondern fuhr sogleich mit dem Lift nach oben. In der Nacht stieß ihr das Essen auf. Sie hatte Magenschmerzen.

Am Morgen gelang es ihr diesmal nicht, den Gedanken an den Mann, den seine Frau Willi nannte, zu verdrängen. Schon unter der Dusche fing er an, sie zu belästigen, und bis sie angezogen war, war Willi ein Popanz, der ihr die Ferien verdarb und vor dem sie schutzlos war. Obwohl Willi und Frau auch heute nicht beim Frühstück saßen, waren sie für Miss Stamps dennoch da. Auch auf dem Weg durch den Sonnenschein am Mittag konnte sie die lästigen Begleiter nicht abschütteln. Willi war allgegenwärtig, mit seinem hochroten Kopf und seinem endlosen Gemecker.

Zu arbeiten vermochte Miss Stamps nach ihrem Spaziergang nicht. Zur Entspannung setzte sie sich fast eine Stunde lang ins Bad. Sollte sie einfach später zum Nachtessen hinuntergehen? Das hätte ihren ganzen Tageslauf durcheinandergebracht, und sie wusste, welche Auswirkungen das auf ihre Arbeit hatte. Dann konnte sie gleich wegfahren.

Das Nachtessen verlief wie am Abend vorher. Als Willi eine neue Flasche Wein bestellte, zog ein Donnerwetter über den armen Kellner hin wie bei der Sintflut. Alles kam vor, die magere Suppe, die winzige Portion Fisch, das lauwarme Fleisch, die überhöhten Getränkepreise, der kalte Wein. Nur mit Mühe brachte Miss Stamps das Essen zu Ende. Und Willi gönnte ihr auch in dieser Nacht keinen Schlaf.

Am Morgen, dem dritten ihrer Ferien, sprach sie nach dem Frühstück den Direktor an und erkundigte sich, wer der schimpfende Gast sei und ob man ihn nicht vor die Tür setzen könne. Der Direktor bat sie in sein Büro und eröffnete ihr dort mit Gesten der Verzweiflung, dass es sich um ein einflussreiches Verwaltungsratsmitglied der Hausbank seines Hotels handle.

»Sie können sich vorstellen, verehrte Miss Stamps, dass wir deshalb besonders vorsichtig sein müssen. Aber ich versichere Ihnen, wir werden unser Möglichstes tun.«

»Ich wäre Ihnen sehr verbunden«, antwortete Miss Stamps ohne Illusionen. Sie sah ein, dass sie sich selber helfen musste. Aus Angst vor der Macht des Geldes würde niemand auch nur einen Finger rühren.

Sie hatte viel Zeit, auf dem langen, sonnigen Spaziergang darüber nachzudenken. Ferien abbrechen? Kam nicht infrage. Sie würde sich monatelang Vorhaltungen machen, dass sie vor dem rotköpfigen Ungeheuer geflohen war. Wenn sie das Romanprojekt nicht gefährden wollte, durfte sie nicht klein beigeben.

Sie dachte an Ernest, den Helden ihrer letzten fünf Romane. Was täte Ernest in ihrer Lage? Welche Frage! Er brächte Willi um.

Gegen fünfzehn Uhr kehrte Miss Stamps ins Hotel zurück und hatte einen Entschluss gefasst. Die Frage war nur noch, wie sie ihn in die Tat umsetzen sollte. Ernest fand jedes Mal einen unfehlbaren Weg.

Ein Zufall kam ihr bereits an diesem Abend zu Hilfe. Sie war etwas früher als sonst im Speisesaal und sah, wie Willi vor dem Essen seine Pillen nahm. Er schüttete aus einer kleinen dunkelbraunen Apothekerflasche einige Tabletten in die Hand und warf sie mit Schwung in den vor Abscheu verzogenen Mund. Das Fläschchen stand neben Willis Serviette. Dort ließen es Willi und seine Frau stehen, als sie aufstanden, und Miss Stamps konnte im Hinausgehen diskret nachschauen, was auf dem Etikett stand. Ein Mittel gegen zu hohen Blutdruck, nahm sie an. Sie merkte sich den Namen.

Übrigens, sagte sie sich, schon wieder im Lift, war Willi heute ganz erträglich gewesen. Zwar hatte er wie immer geschimpft, aber ihr war es nicht wie an den anderen Abenden unter die Haut gegangen. Miss Stamps machte sich nichts vor. Sie wusste, woran es lag.

Es war noch nicht zehn Uhr, und so durfte sie ruhig einen Freund, einen Arzt in Lugano, anrufen.

»Ich bin mit einer Freundin im Engadin, Doktor. Sie leidet unter zu niedrigem Blutdruck. Was soll sie nehmen? Nein, es müsste schon etwas Starkes sein. Wie heißt das? Ich schreib's mir auf. Jaja, ich begreife, nicht ohne ärztliche Kontrolle, natürlich. Wir suchen morgen den Arzt auf, aber Sie wissen ja, so ein Dorfdoktor. Deshalb zuerst mein Anruf bei Ihnen. Keine Sorge. Danke, Doktor, herzlichen Dank, und Grüße an Ihre Frau. Ja, das Wetter ist fabelhaft.«

Jetzt kam es darauf an, das Medikament zu bekommen. In die Apotheke zu laufen ohne Rezept, war nicht möglich. Miss Stamps schaute wieder auf die Uhr. Sie musste sich bis morgen gedulden.

Sie telefonierte, noch bevor sie duschte. Ihr Schweizer Verleger war schon im Büro, und sie klagte ihm mit aller Dramatik, derer sie fähig war, dass ihr Blutdruckmittel in London liegengeblieben sei. »Ohne meine Tabletten kann ich nicht leben, schon gar nicht schreiben. Ich schlafe im Stehen ein. Und, was das Schlimmste ist, ich habe kein Rezept bei mir.«

Das sei keine Sache, sagte der Verleger, er habe genügend Ärzte unter seinen Freunden. Noch am Vormittag kam das Rezept per Fax, ausgestellt von einem Zürcher Internisten.

Die Zeit reichte nicht, um alles an diesem Tag zu erledigen, denn Miss Stamps wollte das Medikament außerhalb von Sils einkaufen. Das Abendessen war wiederum aufschlussreich für sie. Achtundvierzig Stunden vorher hätte sie es unerträglich gefunden, aber seit sie ihren Entschluss gefasst hatte, verfolgte sie Willis Zornausbrüche sogar mit einer gewissen Sympathie. Sie beobachtete den Mann jetzt mit dem kühlen Interesse eines Insektenforschers. Wieder beschwerte sich Willi lautstark, regte sich auf, dass sein Kopf erst rot, dann blau wurde. Und dann – das war neu – erlitt er einen Kollaps. Er brach auf seinem Stuhl zusammen, keuchte und sah

aus wie tot. Der Chef de Service brachte Eiswür-
fel, Willis Frau griff nach dem braunen Apothe-
kerfläschchen und stopfte Willi einige der Tabletten in den Mund.

Nach fünf Minuten war Willi wieder so weit
hergestellt, dass er sich erheben und von seiner
Frau aus dem Saal geführt werden konnte. Miss
Stamps' scharf beobachtenden Augen jedoch
entging nicht der Blick, den Willis Frau dem Chef
de Service zuwarf.

Nach dem Frühstück am folgenden Morgen lief
Miss Stamps auf den gemieteten Langlaufskiern
nach Zuoz. Es war eine erhebliche Anstrengung,
aber der Zweck heiligt die Mittel. In der Apotheke bekam sie auf das Rezept hin anstandslos
die Fünfundzwanzigerpackung. Der Apotheker
machte sie auf die Notwendigkeit ärztlicher Kontrolle aufmerksam, besonders in dieser Höhe.

Mit der Rhätischen Bahn fuhr eine fröhliche
Miss Stamps nach St. Moritz zurück und nahm
dort ein Taxi nach Sils. Kurz nach vier Uhr war
sie wieder in ihrem Zimmer.

Sie bereitete alles genau vor. Sie zog sich fest-
lich an; heute war Freitag, Tag des Bauernbüfetts.
Da war im Speisesaal ein Kommen und Gehen
wie sonst nie. Früher als sonst fuhr sie hinunter.

Im Speisesaal war noch niemand außer den Köchen und Kellnern, die das Büfett aufbauten. Miss Stamps tat, als suche sie etwas, griff nach Willis Medikamentenfläschchen auf dem Nachbartisch, schraubte es auf und leerte die Papiertüte voll Tabletten hinein, die sie mitgebracht hatte. Dann ging sie wieder hinaus und las in der Halle eine alte Ausgabe der Times.

Als Miss Stamps in den Speisesaal zurückkehrte, saßen Willi und seine Frau schon da und waren am Essen. Willis Frau schien es nicht zu schmecken. Ihr Gesicht wirkte müde und krank. Dagegen hatte Willi seinen guten Tag. So, dass es jedermann hören konnte, verkündete er, ein derartiges Essen wünsche er sich jeden Abend, das sei endlich etwas Anständiges zwischen den Zähnen.

Dann – Miss Stamps nahm sich gerade Maissalat am Büfett – wurde Willi der Nachtisch serviert. Frische Erdbeeren mit Rahm. Kaum hatte Willi die erste winterliche Erdbeere zum Mund geführt, explodierte er wie eine Granate. Er spie die angekaute Beere in hohem Bogen aus, fluchte wie ein Henkersknecht und konnte auch nach einem halben Dutzend Sätze nicht aufhören. Sein Kopf wurde rot, schließlich blau. Dann sank er im Stuhl zurück und verstummte.

Seine Frau schaute ihn mit weit geöffneten Augen an. Es ist kein Schreck darin, dachte Miss Stamps. Willis Frau zögerte einen Augenblick, dann griff sie nach dem Fläschchen und schob ihrem Mann Tabletten zwischen die Lippen. Er schluckte. Er stöhnte. Dann fiel der Kopf nach hinten. Willi war tot.

Der Arzt war schnell da. Er stellte das Ableben des Mannes fest. Er ließ sich Willis Aufregung schildern und kostete, aus reiner Routine, eine der Erdbeeren von Willis Teller. Sogleich spuckte er sie wieder aus.

»Pfui Teufel, was habt ihr denn da draufgetan?«, rief er.

Der Koch, der in der Tür stand, kicherte, der Chef de Service nickte und – Miss Stamps sah es wohl – warf Willis Frau einen verschworenen Blick zu. Der Blick, den er zurückbekam, war voll Dankbarkeit.

»Ich glaube, es ist nur der Rahm. Ein bisschen ranzig«, sagte sie leise.

Der Arzt schaute noch einmal auf den Toten. Dann griff er nach dem braunen Fläschchen, schraubte es auf und betrachtete eine der Tabletten. Der Polizist und der Direktor traten zu ihm. Der Doktor zeigte auf die Pille in der Handfläche und redete dazu. Fragend blickte der Direktor zu Miss Stamps herüber. Wie konnten Sie nur! Wir waren doch dabei, den Fall zu regeln, las sie in seinen Augen. Gemeinsam kamen der Arzt und der Polizist an ihren Tisch.

»Miss Stamps?«, fragte der Arzt.

Sie nickte.

»Miss Stamps, ich hätte Sie morgen besucht. Ein Studienfreund, Internist in Zürich, rief mich heute an. Er war beunruhigt, weil er Ihnen, ohne Sie zu kennen, ein Medikament verschrieben hat. Ein sehr starkes Mittel. Er meinte, Sie sollten es nicht ohne ärztliche Kontrolle einnehmen.«

»Frau Lightington«, sagte der Polizist, »ich glaube, Sie sind uns eine Erklärung schuldig.«

»Camillo's Secret«

Die Bar ist sehenswert. Die Rückwand besteht
aus zwei Rundbögen, wie die Wetterhäuschen in
meiner Kinderzeit. War es schönes Wetter, kam
links das buntgekleidete Fräulein heraus, war es
schlechtes Wetter, rechts das Männchen in
Schwarzweiß. Oberhalb der beiden Bögen ver-
läuft ein Regal über die ganze Breite der Wand,
darauf stehen Camillos Pokale.

Camillo ist der Barkeeper. Er arbeitet mindestens so lang im Hotel, wie wir hierher in die
Winterferien kommen. Ein kleiner, drahtiger Italiener mit einem losen Mundwerk. Seine Sprü-
che sind legendär und verdienen es auch. Noch
mehr verdienen es seine Kreationen. Sie tragen
fantastische Namen, Bloody Mary oder Sunshine,
Saratoga, La Margna und so weiter. Die meisten
haben eine rötliche Farbe und werden mit Oran-
genschnitzen am Glasrand und einem farbigen
Röhrchen serviert. Auf der Karte der Bar sind

Camillos Kreationen der Reihe nach aufgeführt. Darunter steht jeweils, wo er sie zum ersten Mal gemixt und welchen Preis er damit gewonnen hat. Zum Beispiel Ladys Dream, St. Moritz 1976. Oder Whisky Piz Err, Nice 1982. Für jeden Rang, den Camillo mit einem seiner Drinks erreicht hat, steht dort ein Pokal.

Gestern, nach dem Abendessen, saß ich in der Halle und hatte Camillos versammelte Auszeichnungen vor mir. Während ich mein obligates Gute-Nacht-Bier trank, zählte ich sie. Es waren achtunddreißig. Achtunddreißig Pokale, Becher und Cups in allen möglichen Formen.

Dann wurde ich auf den Architekten aufmerksam. Den Architekten nenne ich für mich einen älteren Herrn, der abends meist eine rote Jacke mit farbigem Hemd und originell gemusterter Krawatte trägt. Groß ist er und ziemlich korpulent mit kurz geschorenen Haaren. Er wird von einer auffallend hübschen jungen Frau begleitet, möglicherweise seiner Ehefrau. Die beiden trinken jeden Abend zuerst ein Glas Champagner, dann nimmt sie einen Cognac und er den Drink des Tages, dessen Name am Eingang zur Bar angeschrieben ist.

Der Architekt scheint Camillo gut zu kennen, und Camillo reserviert jeden Abend denselben

Tisch für ihn und seine Begleiterin. Sie scherzen miteinander und lachen, und der Architekt nennt Camillo »maestro«, Camillo den Architekten »professore«.

Gestern Abend nun, nachdem der Architekt mit seiner Frau wie jeden Abend den Champagner getrunken und der Kellner ihr den Cognac und gleich darauf Camillo selbst ihm den Drink des Tages – er hieß Sunshine – gebracht und der Architekt davon gekostet hatte, wurde es unruhig an dem Tisch. Der Architekt rief Camillo zurück. Er zeigte verärgert auf das Glas mit dem rötlichen Drink. Ich verstand nicht, was er sagte, aber es musste eine empfindliche Reklamation sein. Camillo nämlich warf sich wie ein beleidigter Hahn in Positur. Der Architekt wurde immer lauter.

»Unmöglich, professore, ganz ausgeschlossen«, protestierte Camillo.

»Wenn ich es doch sage. Schmeckt grässlich!«, gab der Architekt zurück.

Daraufhin griff der Barkeeper zornig nach dem Glas. Es sah aus, als wolle er es dem Architekten ins Gesicht schleudern.

»Sie beleidigen mich«, sagte er scharf, entfernte sich mit langen Schritten und verschwand durch einen Bogen der Bar. Wenig später kehrte er lächelnd zurück. Auf einem silbernen Tablett servierte er dem Architekten einen neuen Drink. Der Architekt kostete.

»Sehen Sie«, sagte er befriedigt.

Camillo lachte schallend. »Es ist dasselbe Glas. Ich habe bloß ein wenig nachgefüllt, professore«, sagte er im Weggehen.

»Man sollte Ihnen Ihre sämtlichen Pokale wegnehmen, Camillo«, rief der Architekt halb im Scherz hinter ihm her.

Ich trank mein Bier aus und ging zu Bett. Schnell schlief ich ein, wachte aber gegen Morgen früher als gewohnt auf. Da ich nicht wieder einschlafen konnte, stand ich auf, zog mich warm an, um ein paar Minuten nach draußen zu gehen. Ich habe die Erfahrung gemacht, dass ich hinterher um so besser weiterschlafe.

Das Entree war hell beleuchtet. Ohne es zu beachten, verließ ich das Haus. Die kalte Luft füllte die Lungen und beruhigte die Nerven.

Als ich nach zehn Minuten zurückkehrte, stand ein schwarzer Wagen vor dem Eingang, die Hecktür war aufgeklappt. Zwei Männer waren dabei, einen Metallsarg auf einer Schiene hineinzuschieben. Der Hoteldirektor, gerade aus dem Bett geholt, stand daneben. Als er mich kommen sah, schaute er mich unwirsch an.

»Was ist los?«

»Wir haben einen Todesfall. Bitte, sagen Sie keiner Menschenseele etwas davon. Ein Todesfall im Hotel kann sehr unangenehme Folgen haben.«

»Um wen handelt es sich denn?«

Er brauchte nicht zu antworten. Im selben Augenblick kam die Frau des Architekten aus dem Haus und stieg weinend in den Leichenwagen. Ich ging nach oben und legte mich wieder zu Bett.

Es hat sich wohl nicht herumgesprochen. Jedenfalls lässt sich niemand etwas anmerken. Und es ist purer Zufall, dass ich für mein Gute-Nacht-Bier am selben Tisch sitze wie gestern, mit Blick auf die Pokale.

Camillo läuft hocherhobenen Hauptes herum. Ich kann es nicht lassen, noch einmal seine Preispokale zu zählen. Neununddreißig. Einer mehr als gestern. Ist es der elegante schmale links?

Ich schaue hinüber zum Eingang, was dort als Drink des Tages angeschrieben ist. »Camillo's Secret«. Ich greife zur Karte auf dem Tisch. Zuunterst steht handschriftlich angefügt: »Camillo's Secret«.

Die Mitfahrerin

Dass jemand mit Skiern an der Straße stand und mitgenommen werden wollte, war für Burkard Lehmann, achtundsechzig, pensionierter Sekundarschullehrer, unterwegs in einem neuen Subaru mit Vierradantrieb ins Engadin, überraschend. Das Mädchen hatte sich die Langlaufriemen links und rechts an den Rucksack geschnallt. Es sah aus, als ob es zwei Flügel hätte. Ein Engel, dachte Burkard, und hielt an. Es war etwas oberhalb von Bivio an der Straße gegen den Julier.

»Wohin wollen Sie denn?«, fragte Burkard.

»Wohin fahren Sie?«

»Ich fahre ins Engadin, nach Sils Maria«, antwortete Burkard.

»Dann fahre ich auch ins Engadin«, sagte das Mädchen. »Darf ich mitfahren?«

Burkard stieg aus, half ihr, die Skier vom Rucksack zu lösen, und klemmte sie zu seinen eigenen auf den Dachträger. Den Rucksack legte er auf den Rücksitz. Er war klein und leicht.

Das Mädchen gefiel ihm. Seine hüpfenden Bewegungen, das kleine, runde Gesicht unter dem kurzen schwarzen Wollhaar, der bunte Skidress, alles gefiel Burkard. Ein Hauch von Frische war um das Mädchen, und Burkard sog ihn ein.

Das Mädchen setzte sich neben ihn. Noch im Sitzen hatte es etwas Hüpfendes. Burkard freute sich daran.

»Sie haben kein bestimmtes Ziel?«, fragte er beim Weiterfahren.

»Ich gehe, wohin man mich mitnimmt.«

»Und woher kommen Sie?«

»Ach, aus dem Unterland.«

Das war keine sehr genaue Ortsbezeichnung, und obwohl Burkard als Experte im Bestimmen von Dialekten galt, konnte er an ihrer Sprache keine besonderen Merkmale erkennen. Doch er forschte nicht weiter. Er fand es reizvoll, nicht alles zu wissen.

»Und Sie?«, fragte das Mädchen.

»Ich heiße Burkard Lehmann, bin achtundsechzig Jahre alt, pensionierter Sekundarschullehrer aus Zürich, und ich fahre für vierzehn Tage nach Sils Maria.«

Warum wollte er von dem Mädchen nichts Genaueres wissen und warum hatte er das dringende Bedürfnis, ihm möglichst viel von sich selbst zu erzählen? Auch nach zehn Minuten wusste er noch nichts von seiner Mitfahrerin, als hätte das Mädchen keine Geschichte, sie aber wusste fast alles von ihm. Dass er gern Geschichte weiterstudiert hätte bis zur Promotion, dass es aber aus wirtschaftlichen Gründen damals nicht möglich gewesen sei.

Er war sechsundzwanzig, als er heiratete. Verena, seine Frau, hatte er im Lehrerseminar kennengelernt, und ihm war wie ihr schon damals klar, dass es für sie nie einen anderen Mann, für ihn nie eine andere Frau geben würde. Und so war es dann auch gekommen. Acht Jahre waren sie miteinander verlobt, nach seinem Sekundarlehrerexamen heirateten sie.

Eigentlich war geplant, dass Verena so lange arbeitete, bis Kinder kämen, aber als keine kamen, unterrichtete sie weiter, auch dann noch, als sie in die Stadt zogen. Sie hatten das Glück, auch in der Stadt im selben Schulhaus arbeiten zu können. Alles, was in der Schule vorfiel, besprachen sie miteinander. Auch alles andere im Leben. Jeden Tag machten sie den Weg zur Arbeit gemeinsam. Dies bedeutete ihnen beiden besonders viel. Und dann natürlich die gemeinsamen Ferien. Seit zwanzig Jahren fuhren sie jeden Winter für vierzehn Tage nach Sils, immer in dasselbe Hotel, das besonders für Langlauf günstig lag. Jahr für Jahr dasselbe Zimmer, sehr ruhig, im obersten Stock.

In den ersten Jahren unternahmen sie noch Abfahrten, dann aber verlegten sie sich immer mehr auf Langlauf, bis sie vor zehn Jahren das Abfahren ganz bleiben ließen.

Jahr für Jahr freuten sie sich schon auf die nächsten Ferien, bis dann, vor ziemlich genau zweieinhalb Jahren, Verena, mittlerweile ebenfalls im Ruhestand, von einem Tag auf den andern schwer erkrankte, plötzlich, wie aus heiterem Himmel. Bauchspeicheldrüsenkrebs. Zwar fuhren sie im vorletzten Winter trotzdem noch einmal ins Engadin. Beide standen sogar wieder auf den Langlaufskiern und zogen kleine Runden. Und sie machten sich schon Hoffnungen, dass es vielleicht doch eine Besserung gebe. Aber kaum aus den Ferien zurückgekehrt, wurde es schlimmer und schlimmer, ein rasanter Zusammenbruch, und Ende Mai starb Verena nach langen Leidenswochen.

»Es war eine Erlösung für sie, wenn man das so sagen darf«, wandte sich Burkard an seine Mitfahrerin. Aber schwer und fast unerträglich sei es für ihn gewesen. Jedenfalls habe er es im letzten Februar nicht übers Herz gebracht, allein ins Engadin zu fahren, und die Langlaufskier habe er den ganzen Winter über kein einziges Mal angerührt.

Doch jetzt habe er allen Mut zusammengenommen. Im September schon habe er sich telefonisch in dem Hotel angemeldet und habe gesagt, er wolle dieses Jahr wiederkommen, aber nur unter der Bedingung, dass er das alte Zimmer haben könne. Er habe der Direktion den Vorschlag gemacht, er bezahle das Doppelzimmer, freilich bei einfacher Pension. Er habe sich keine großen Hoffnungen gemacht, dass das Hotel auf seinen Vorschlag eingehe, schließlich würde schon Hochsaison sein. Um so überraschter sei er gewesen, dass er das gewohnte Zimmer erhalten habe. Und nun sei er also auf der Fahrt hinauf, zum ersten Mal allein, nicht ohne eine gewisse Furcht.

Das Mädchen saß neben Burkard und hörte zu, und er sog im Erzählen seinen Geruch ein, der ihm wie süßer Wein die Zunge löste. Sie waren schon zwischen den beiden Säulenstümpfen auf dem Julier hindurch, als Burkard sagte: »Jetzt wissen Sie so viel von mir, und ich weiß nicht einmal Ihren Namen. Sagen Sie mir wenigstens, wie Sie heißen?«

»Ich heiße Lilith«, antwortete das Mädchen.

»Und nichts weiter?«

»Nichts weiter.«

»Lilith. Eigenartiger Name. Nicht ohne dunkle Bedeutung«, sagte Burkard.

»Wirklich?«, fragte das Mädchen.

»Und was haben Sie vor im Engadin?«

Das Mädchen zuckte die Schultern.

»Langlaufen«, stellte Burkard fest.

»Ja«, sagte das Mädchen.

»Und wo?«

»Weiß ich noch nicht.«

»Nirgends bestellt?«

»Nein.«

»Und keine Freunde oder Bekannten, die auf Sie warten?«

»Keine.«

Mit einem Mal fuhr Burkard ein Gedanke durch den Kopf. Da war das Mädchen, das niemand erwartete, dessen Duft ihn bezauberte, dessen hüpfende Bewegungen ihn erheiterten und dessen Nähe ihn gesprächig machte. Da war dieses Mädchen, und dort unten in Sils Maria, das jetzt bald sichtbar wurde, wartete auf ihn, der allein war, im Hotel ein Doppelzimmer. Wie, wenn er, statt allein, zu zweit einträfe? Dass ein seit anderthalb Jahren verwitweter Mann eine Freundin fand, war nichts Ehrenrühriges. Es brauchte ja niemand zu wissen, dass sie sich gerade erst kennengelernt hatten, wenn von Kennenlernen überhaupt die Rede sein konnte. Und dass das Mädchen so viel jünger war als er – sie war sicher noch nicht einmal Mitte zwanzig –, nun ja. Vielleicht fanden einige das lächerlich. Sollten sie.

Burkard war fest entschlossen, Lilith den Vorschlag zu machen, sie solle die zehn Tage bei ihm wohnen. Er suchte nach Worten, mit denen er es ihr sagen konnte, ohne in den Verdacht zu geraten, er habe unmoralische Absichten. Viel Zeit blieb ihm nicht. Waren sie einmal im Tal, musste Lilith bald aussteigen.

»Das Zimmer, das ich bestellt habe, ist, wie gesagt, ein Doppelzimmer. Und ich bin allein. Wenn es Sie nicht störte, böte ich Ihnen gerne an, die zehn Tage das Zimmer mit mir zu teilen. Selbstverständlich auf meine Kosten.«

Er fürchtete ihre Verlegenheit oder ihre Entrüstung. Aber sie sagte ganz sachlich: »Das stört mich nicht.«

»Heißt das, dass Sie mein Angebot annehmen?«, fragte er erleichtert.

»Ja.«

»Aber Sie dürfen nicht glauben –«

»Ich glaube nichts. Keine Furcht, Burkard. Schöner Name, Burkard. Irgendwie mittelalterlich und vornehm. Ganz anders als die heute gebräuchlichen Vornamen. Darf ich Burkard sagen?«

»Ja, gerne. Ich danke Ihnen, Lilith.«

In Silvaplana bog er nach rechts ab. Zehn Minuten später waren sie da. »Ich bin doch nicht allein. Wir sind zu zweit«, sagte Burkard zur Hotelsekretärin, als sei es das Normalste auf der Welt, und die Hotelsekretärin verhielt sich entsprechend. Der Hausbursche in der grünen Schürze trug ihnen das Gepäck voran nach oben, Burkards zwei Koffer und Liliths winzigen Rucksack. Er stellte alles ins Zimmer, und Burkard gab ihm die fünf Franken Trinkgeld wie immer. Der Hausbursche bedankte sich, dann zog er die Tür hinter sich ins Schloss.

Da standen sie, Lilith und Burkard, und schauten

einander an. Lilith lächelte. Sie kam auf ihn zu, legte ihm die Hände auf die Schultern und küsste ihn auf beide Wangen.

»Danke«, sagte sie. »Darf ich ein Bad nehmen?«

Er nickte. Er hob den größeren seiner beiden Koffer aufs Bett und öffnete ihn. Lilith, ohne sich von seiner Anwesenheit stören zu lassen, zog sich aus.

»Ich bin im Bad«, rief sie und hüpfte hinaus. Die Tür ließ sie offen stehen. Er hörte, wie sie das Badewasser einließ und in die Wanne stieg. Sie planschte und pfiff. Er hörte ihre Bewegungen beim Waschen. Währenddessen packte er den zweiten Koffer aus und legte, wie er es immer getan hatte, alles ordentlich in den Wandschrank links. Der Wandschrank rechts war immer für Verena bestimmt gewesen. Als er die leeren Koffer im Kämmerchen neben der Tür verstaut hatte, setzte er sich in den Sessel am Fenster und wartete.

Lilith kam aus dem Badezimmer, das Badetuch um die Hüften geschlungen. Er betrachtete ohne Scheu ihre kleinen Brüste, die wie das ganze Mädchen unaufhörlich hüpften, und die Linie, die vom Nabel aufwärts lief.

Sie packte ihre Sachen aus. Es war wenig, fast nichts, was in dem kleinen Rucksack Platz hatte. Ohne zu fragen, legte sie es in den Schrank, der Verenas gewesen war.

Er würde ihr passende Kleider kaufen. Mit Freude dachte er daran, wie sie miteinander in die feinen Geschäfte von St. Moritz fahren und etwas für sie aussuchen würden. Er musste tief durchatmen vor Aufregung und spürte einen leichten Druck in der Herzgegend, der ihn daran erinnerte, dass er sein Medikament nicht vergessen durfte. Vorher brachte er seine Toilettensachen ins Badezimmer.

Liliths Zahnbürste war schon da, dazu ein paar Tuben und winzige Töpfchen, ein Lippenstift und ein übergroßer rosaroter Kamm.

»Zieht man sich hier zum Nachtessen gut an?«, fragte Lilith.

»Ja, im Allgemeinen schon«, rief er schonend zurück. Sie hatte ja nichts bei sich. Er schloss die Tür, ging auf die Toilette, wusch sich die Hände und tauchte das Gesicht ins Wasser.

Als er ins Zimmer zurückkam, war Lilith schon angekleidet. Sie trug ein billiges farbiges Fähnchen. Es stand ihr atemberaubend. Burkard tauschte, ohne sich vor ihr zu schämen, die zerknitterte Manchesterhose gegen die dunkle, wechselte das Hemd und band sich eine Krawatte um. Ins Brusttäschchen des dunkelblauen Blazers mit den Goldknöpfen steckte er ein Tüchlein.

»Gut sieht das aus«, kommentierte Lilith.

»Gehen wir«, sagte Burkard mit einem Anflug von Ausgelassenheit. Sie standen nebeneinander vor dem Spiegel. »Ich finde, wir sollten etwas regeln, bevor wir hinunterfahren. Wir können zueinander doch nicht Sie sagen. Zwei, die in einem Zimmer schlafen und Sie zueinander sagen.«

»Burkard«, sagte Lilith und küsste ihn auf den Mund.

Der Chef de Service zog lächelnd das Gesicht in die Breite, als er Burkard mit dem jungen Mädchen kommen sah. Lächle du, dachte Burkard. Stolz schritt er voraus an ihren Tisch.

Lilith aß mit Appetit und Vergnügen und trank gern von dem Veltliner, den Burkard bestellt hatte. Sie hüpft auch beim Essen und Trinken, dachte Burkard fröhlich und schaute die kurze schwarze Locke an, die auf ihrer Stirn auf und nieder wippte.

Sie ließen sich Zeit. Burkard hätte sie immer betrachten und darüber das Essen vergessen

können. Fast als Letzte verließen sie den Speisesaal. Es war schon nach zehn.

»Ich bin ziemlich müde«, sagte Lilith.

»Dann fahren wir gleich hinauf?«

Sie tranken trotzdem noch einen Whisky in der
Halle. Burkard sah unter den Gästen einige ver-
traute Gesichter aus früheren Jahren, doch hielt
sich jedermann verlegen oder diskret oder missbilligend zurück.

Oben drehte Lilith das Radio an und ging ins
Badezimmer. Das Zimmermädchen hatte die
Bettdecken aufgeschlagen, Nachttüchlein vor die
Betten gelegt. Auf Burkards Bett war sein blau-
weißer Schlafanzug kunstvoll zu einer Figur dra-
piert, auf Liliths Bett lag nichts.

Lilith kam ausgezogen aus dem Badezimmer.
Nackt kroch sie unter die Decke.

Als auch Burkard im Bett lag und das Licht ge-
löscht hatte, schlüpfte Liliths nackter Arm wie
eine Schlange unter der Decke hervor. Sie fuhr
ihm mit der Hand durch das Haar und sagte:
»Danke für alles. Schlaf gut.«

Er stützte sich auf, neigte sich zu ihr hinüber,
wie er es bei Verena immer getan hatte, sog ihren Duft ein und küsste sie auf den Mund. »Schlaf
gut. Ich danke dir.«

Er konnte trotz ihres Wunsches nicht schlafen. Seine Sinne waren hellwach. Er versuchte, ihr Profil im nächtlichen Gegenlicht zu erkennen. Ihm fiel ein, dass er vergessen hatte, sein Medikament zu nehmen. Ach, sollte das Medikament Medikament bleiben. Er horchte auf Liliths Atem und konnte ihn nicht hören. In der Hoffnung einzuschlafen, drehte er sich von ihr weg. Hier fand er den Schlaf erst recht nicht. Also drehte er sich wieder um und lag mit offenen Augen.

»Burkard«, flüsterte es aus dem andern Bett.

»Ja«, flüsterte er ebenso leise.

»Schläfst du?«

»Nein.«

»Ich auch nicht.«

Lange Pause.

»Burkard.«

»Ja.«

»Liegst du gut?«

»Warum?«

»Lägst du nicht besser bei mir? Warum kommst du nicht zu mir?«

Wieder kam die Schlange ihres Arms zu ihm herüber, nahm seine Hand und legte sie auf das Niemandsland von Liliths nacktem Bauch. Da lag die Hand. Die Schlange ließ sie allein. Die Hand lag zuerst wie tot, dann kam Leben in sie. Sie begann zu zittern, und das Zittern setzte sich fort, den Arm hinauf und breitete sich aus in Burkards Körper und wuchs an zu einem Beben. Ihm war, als werde er von einer Lawine ergriffen, die ihn fortrisse, und er habe keine Gewalt über sich. Er warf die Decke weg und rollte sich auf Liliths Bett hinüber. Er liebkoste sie und legte sich auf sie, und sein Gehirn brannte und zerschmolz zu einem kleinen Klümpchen schwarzer Schlacke.

Er blieb die ganze Nacht bei ihr liegen. Am Morgen, Schnee und Sonne leuchteten ins Zimmer, mochten sie sich nicht trennen. Sie verpassten das Frühstück, und als sie, kurz nach Mittag, endlich zu einem späten Kaffee hinuntergingen, waren sie schon für die Langlaufloipe angezogen.

Lilith drängte hinaus. Sie glitt voraus durch den blendenden Sonnenschein, als hätte sie eine Nacht tiefsten Schlafes hinter sich. Burkard folgte. Er fühlte eine befreiende Erschöpfung in sich. Endlich war das Halseisen gelöst, das Verenas Tod ihm umgelegt hatte. Endlich war er aus dem Schatten des Trauergefängnisses wieder in die Sonne des Tages hinausgetreten.

Je länger sie liefen, desto freier atmete Burkard, desto breiter wurde seine Brust. Als sie zurückkamen, zogen sie sich aus und liebten sich und mussten sich nachher beeilen, nicht zu spät zum Nachtessen zu kommen.

Sie schliefen wenig. Burkard spürte den Strom des Lebens in seinen Leib fließen wie Wasser in ein ausgetrocknetes Bachbett.

Als sie am andern Tag auf dem zugefrorenen See nach Silvaplana unterwegs waren, Lilith voraus, er hinter ihr, stieß er plötzlich einen Jauchzer aus gegen den tiefblauen Himmel. Ihm war, als dringe dieser ganze unendliche Himmel in sein Herz. Dann wurde der Himmel dunkel, und Burkard sah vor dem schwarzen Hintergrund Verena stehen. Sie winkte ihm zu. Hinter ihr stand ein Engel, und er wusste, dass es der Engel des Todes war. Ein süßer junger Engel war es. Er hatte Liliths Gesicht, und statt der Flügel trug er zwei Langlaufskier an einem winzigen Rucksack auf dem Rücken.

Burkard lag mit ausgebreiteten Armen tot auf dem Eis.

»Herzschwäche«, stellte der Arzt fest, den Langläufer gerufen hatten. Und er fügte hinzu: »Geschieht oft in den ersten Ferientagen. Gibt es eigentlich Angehörige?«

»Lief ihm nicht ein junges Mädchen voraus?«, fragte eine Frau.

»Ich habe niemanden gesehen«, sagte der Mann neben ihr.

Die Schuhe drücken

Auf halbem Weg über den zugefrorenen See von Sils Maria nach Maloja begannen dem andern, die neuen Schuhe zu drücken. Es war der dritte Tag der Skiferien, tiefblauer Himmel, gleißender Sonnenschein auf dem Schnee, und es war das erste Mal, dass er ihn spürte, einen stechenden Schmerz im Knöchel an der Innenseite, erst am linken Fuß und bald darauf am rechten, wie wenn ihm eine Rasierklinge ins Fleisch gedrückt würde.

Vielleicht habe er die Schuhe zu fest gebunden, meinte Freddy. Sie waren stehen geblieben. Freddy bückte sich, löste die Nesteln, wobei er das Gleichgewicht verlor und in den Schnee kippte. Sie lachten. Dann band er ihm die Schuhe neu.

Es zeigte sich schnell, dass es zwecklos gewesen war. Schon der zweite Schritt schmerzte links wieder; auch rechts war es nicht besser. Im

Gegenteil: Die Schmerzen wurden immer schlimmer. Freddy riet ihm, die Haltung der Füße in den Schuhen zu verändern. Es nützte nichts. Der Schmerz wurde noch stechender.

Freddy schaute nach vorn. Vor ihnen zog sich der Weg nach Maloja hin. Sicher noch eine Stunde. Er wandte sich um und schaute zurück. Der Weg nach Sils war fast gleich lang. Weitermarschieren oder zurücklaufen? Es kam auf dasselbe heraus. Eine Unzahl schmerzender Schritte lag auf beiden Seiten vor dem andern.

Gingen sie vorwärts, konnten sie in Maloja das Postauto nehmen. Es hielt vor ihrem Hotel. Freddy erinnerte sich an einen Satz, den seine Mutter immer gebraucht hatte. »Nur nicht daran denken, dann tut es nicht mehr weh«, hatte sie gesagt, wenn er als Kind weinend zu ihr gerannt war.

Seine Mutter. Zum ersten Mal war er diesmal ohne seine Mutter in die Ferien gefahren. Sie war im vergangenen Juni gestorben. Er hatte zwar nicht bei ihr gelebt, aber ganz in der Nähe. Den andern hatte er vor ihr verstecken müssen.

»Nimm dir doch endlich eine Frau«, hatte sie oft zu ihm gesagt. Er und der andere hatten genau gewusst, was das bedeutete. »Untersteh dich, mir das anzutun«, sollte es in Wirklichkeit hei-ßen.

»Nur nicht daran denken, dann tut es nicht mehr weh«, sagte er. Trotzdem wimmerte der andere weiter, die Knöchel schmerzten höllisch, und er würde morgen keinen Schritt tun können. Freddy stellte sich vor, wie sich an den Füßen des andern blutunterlaufene Blasen bildeten und wie die Wadenmuskeln sich wegen des dauernden Schmerzes verkrampften. Aber es waren ja nicht seine Füße und Beine, und der andere ging ihn nichts an, solange er nur marschierte. Er konnte ihn anschauen, wie man eine Fliege anschaut, bevor man sie zerdrückt, nein, leidenschaftsloser, wie einen interessanten Stein, den man am Weg gefunden hat.

»Du musst nur nicht daran denken«, sagte Freddy noch einmal, und sie schritten tüchtig aus.

Wenn sie im Hotel zurück sein würden, würde er dem andern die Schuhe und die Strümpfe ausziehen und mit klinischer Aufmerksamkeit das Resultat des Drucks auf die Knöchel begutachten.

Der andere musste jeden Schritt spüren, und je länger sie marschierten, desto mehr erfüllte jeder Schritt Freddy mit Genugtuung. War der Weg über das Eis uneben oder sanken sie sogar ein wenig ein, so würden die Klingen noch tiefer in den Knöchel des andern dringen, die Haut aufschneiden und den Knochen bloßlegen, der dann weiß aus dem blutigen Rot hervorleuchten würde.

In Maloja aßen sie eine gebratene Forelle. Der andere stach ihr mit der Gabel die matten Augen aus.

Als sie vom Essen aufstanden, brach bei dem andern der Höllenbrand von Neuem los. Freddy sah ihn sich krümmen. Er lachte, das Gelächter schäumte wie ein Wasserfall. Der andere reagierte prompt: Er wollte kein Schwächling sein und den Spott nicht auf sich sitzen lassen. So biss er die Zähne zusammen und marschierte los, ja, er entschied, dass es Verweichlichung sei, das Postauto zu nehmen, und verordnete ihnen beiden den langen Marsch zu Fuß zurück über den See.

Zweimal wollte der andere unterwegs schlappmachen. Aber abgesehen davon, dass man sich auf der freien Fläche des zugefrorenen Sees nicht einfach hinsetzen konnte, brauchte Freddy nur spöttisch zu lachen, und der andere rappelte sich wieder auf.

Es fing schon an, dämmrig zu werden, als sie sich dem Dorf und dem Hotel näherten. Freddy spürte, dass den andern die Kräfte verließen, als rinne Sand aus einem löchrigen Sack. Er wankte. Eine Dame, die ihnen entgegenkam, fragte, ob er sich unwohl fühle. Freddy antwortete an seiner Stelle, es gehe schon. Er lachte und schwang die Peitsche seines Spotts, und der andere lief weiter, obwohl er nicht mehr konnte.

Im Zimmer knotete Freddy dem anderen die Schnürsenkel auf, machte die Schäfte weit, um die Füße aus der Umklammerung zu befreien. Dann riss er die Socken herunter. Er erwartete, blutunterlaufene Füße zu sehen, aber sie waren weder blutig, noch hatten sie Blasen an den Knöcheln. Links ein roter Fleck, rechts ein roter Fleck, mehr nicht. Der andere konnte von Glück reden.

Nach dem Nachtessen machten sie einen kurzen Abendspaziergang ins Dorf. Der andere hatte die weichsten Schuhe angezogen, die er besaß. Die Knöchel, lammfellumschmeichelt, schmerzten nicht mehr. An der Bar des Hotels ›Arnika‹ tranken sie einen Whisky und ließen die Füße vom Hocker baumeln. Freddy sah, wie der tiefe Ausschnitt der Bardame den andern erregte. Eine junge Frau fragte, ob der Platz neben dem andern frei sei. Sie hatten nichts dagegen, dass sie sich setzte, auch nichts, dass sie sich fürsorglich erkundigte, ob der andere allein in den Ferien sei. Freddy merkte, dass die Nähe der Frau den andern reizte. Er gab ihm einen aufmunternden Stoß.

Später sah Freddy zu, wie der andere in ihrem Zimmer die Gürtelschnalle seiner Hose öffnete. Die Frau war nicht einmal erstaunt gewesen, dass er mitging. Vielleicht war es aber doch seine Gegenwart, die den andern störte. Er versagte und musste sich auch noch Freddys spöttisches Grinsen gefallen lassen, dazu das enttäuschte Gekeif des Mädchens.

Freddy sah, wie den andern Wut und Verzweiflung packten, und mit der Ruhe eines Wissenschaftlers schaute er zu, wie der andere dem höhnisch lachenden Mädchen die Hände um den Hals legte, wie er zudrückte.

Freddy forderte den andern auf, sich anzuziehen, die Gürtelschnalle zu schließen. Sie verließen das Haus. Im Hotel tranken sie aus dem Zimmerkühlschrank einen weiteren Whisky.

Freddy schlief tief. Am Vormittag verließen sie wieder bei strahlendem Wetter schon früh das

Haus, um nach Maloja zu laufen. Freddy stellte mit böser Freude fest, dass dem andern schon nach hundert Metern die Schuhe in die Knöchel schnitten.

»Nur nicht daran denken«, deklamierte Freddy.

In Maloja wartete die Polizei. Ihn ging das nichts an. Es war des andern Sache.

»Nur nicht daran denken«, flüsterte Freddy ihm aufmunternd zu und marschierte tapfer auf die beiden Beamten los.

Der Damenfreund

Weil das Engadin so schön und das Hotel so gut ist, fahren wir seit zehn Jahren im Winter immer an denselben Ort. Das Hotel ist groß genug, dass man nicht nach dem zweiten Mal schon alle Gäste kennt. Immerhin bleiben manche Gesichter bis zum nächsten Mal im Gedächtnis.

So war es auch mit dem Damenfreund. Ein älterer Herr, über siebzig, eine angenehme Erscheinung, weißes Haar und samtene Flüsterstimme, der sich in jeder Saison einer Dame annahm, jedes Mal einer andern. Er bevorzugte ältere Frauen, denen etwas zugestoßen war. In einem Hotel von dieser Größe stößt fortwährend jemandem etwas zu. Auf dem Glatteis vor dem Eingang fällt eine kürzlich am Hüftgelenk operierte und leicht kurzsichtige Dame hin und bricht sich den Fuß. Sie muss ins Spital gefahren werden, kommt nach einer Woche zurück und sitzt den ganzen Nachmittag in der Halle. Der

Rauhhaardackel einer korpulenten Münchnerin bekommt plötzlich Durchfall und geht nach zwei Tagen, trotz Konsultation des Tierarztes, unter Krämpfen ein. Eine nicht mehr ganz junge Industriellenwitwe aus Winterthur leidet, was ihr bisher noch nie passiert ist, am vierten Tag ihres Aufenthalts unter schwerer Herzbeklemmung, vermutlich wegen des Reizklimas im Hochtal.

Immer war der Damenfreund zur Stelle. Er tröstete, er hielt Hände, er flüsterte aufmunternd, begleitete hinkende Damen stützend ins Heilbadzentrum, trank mit einsamen Witwen nachmittagelang Tee und fuhr magenleidende Rauhhaardackel zum Tierarzt ins Dorf.

»Diesmal scheint er nicht hier zu sein«, sagten wir am zweiten Abend nach dem Essen zueinander. Wir sahen auch niemanden, der mit frischem Gips an Krücken hereinhinkte, niemanden, der Trauer trug, keinen Rauhhaardackel, dessen Fell allen Glanz verlor.

Der Direktor kam an unseren Tisch, um uns zu begrüßen.

»Wie geht es?«

»Immer gut, danke.«

»Der Damenfreund ist dieses Jahr ausgeblieben.«

»Der Damenfreund? Ach, der Seelentröster. Ich nenne ihn den Seelentröster.«

»Guter Name. Er scheint nicht hier zu sein.«

»Nein. Er kann nicht. Sie wissen nichts?«

»Was denn?«

Der Direktor setzte sich zu uns, was sonst auch bei langjährigen Gästen nicht seine Angewohnheit ist.

»Also. Er tröstete ja immer alle Pechvögel, insbesondere die weiblichen. Eigentlich ausschließlich die weiblichen. Und es gibt in einem Haus wie diesem jederzeit ein weibliches Wesen, das Trost braucht. Darin war er klasse. Erinnern Sie sich an die Geschichte mit dem Rauhhaardackel? Die Dame wollte unter Protest unverzüglich abreisen und uns einen Anwalt ins Haus schicken. Der Damenfreund, wie Sie ihn nennen, übrigens heißt er Huber, ganz gewöhnlich Huber, obwohl man etwas viel Exquisiteres erwarten würde, Huber, der Damenfreund, sorgte also dafür, dass die Besitzerin des Rauhhaardackels blieb und schließlich so zufrieden und versöhnt nach Hause fuhr, dass sie für die nächste Saison eine Woche länger buchte.

Als Seelentröster war er unübertroffen. Ich war oft froh, dass es ihn gab. Einmal bot ich an, ihm die Ferien bei uns zu schenken. Er wies das weit von sich, mit ehrlicher Entrüstung, als hätte ich ihm einen unsittlichen Antrag gemacht.«

»Und dieses Jahr fehlt er.«

»Das hat damit nichts zu tun. Das ist eine eigene Geschichte. Letztes Jahr, kurz nachdem Sie hier waren, hatten wir einen Todesfall. Die Tochter einer alten Dame, selbst nicht mehr die Jüngste, erstickte an einem Daunenkissen in ihrem Bett. Sie können sich vorstellen, wie unangenehm das für uns war. Die Mutter brach zusammen, der Arzt gab Spritzen, aber sie nützten wenig. Erst als der Damenfreund sich der alten Frau annahm, konnten wir beruhigt sein. Er veranlasste alles für die Bestattung. Er ging mit ihr in die Geschäfte, um Trauerkleider zu kaufen. Er setzte die Todesanzeige auf, brachte sie in die Druckerei und schrieb die Adressen. Er empfing den Pfarrer ebenso wie die Leute von der Polizei.

Eine Woche darauf war die Bestattung, und wir wunderten uns, wie tapfer die alte Frau war. Der Damenfreund führte sie am Arm. Er stützte sie, als sie am Grab ihrer Tochter stand. Er saß neben ihr in der Kirche und reichte ihr sein Taschentuch.

Am Abend nach der Bestattung kam die Polizei und nahm ihn fest. Das farbige Tüchlein, das er immer in der Brusttasche trug, war ihm herausgerutscht, als er sich über das Bett gebeugt und das Kissen niedergedrückt hatte. Da er so viele verschiedene Tüchlein besaß, hatte er das eine nicht vermisst.«

»Die Beinbrüche, Beklemmungsanfälle, Dackeltode anderer Jahre, alles sein Werk?«

»Steht zu vermuten, wenn es auch nicht zu beweisen ist.«

»Ein sehr geschickter Regisseur von Unglücksfällen. Und wozu?«

»Damit er trösten konnte.«

»Ließ er sich wenigstens von den Damen den Aufenthalt hier bezahlen?«

»Nein, das hatte er nicht nötig. Er ist wohlhabend.«

»Und was ist aus ihm geworden?«

»Er ist verurteilt und sitzt.«

»Dann kann er sein letztes Opfer nicht trösten.«

»Aber doch. Die alte Dame, habe ich gehört, besucht ihn wöchentlich in der Strafanstalt, und die beiden sollen beabsichtigen zusammenzuziehen, sobald er frei ist.«

Der Wunschsohn

Sie saßen wie jeden Abend nach dem Nachtessen in der Hotelhalle. Arthur las Zeitung, Marianne einen der dicken Romane. Sie las nicht sehr aufmerksam, sondern ließ sich von den Leuten ablenken, die vorübergingen. Freundlich nickte sie der einen oder dem anderen zu. Die meisten kannte sie, wenigstens vom Sehen. Sie und Arthur kamen seit Jahren jeden Februar für zehn Tage hierher.

Am gewohnten Platz im hinteren Teil der Halle saß »die Familie«, so nannten Arthur und Marianne sie. Eine wirkliche Familie, wie man sie sich wünscht: Mutter, Vater, drei Kinder, ein Sohn und zwei Töchter, und der Großvater. Wohlhabende Leute, das war ihnen anzusehen, besonders den vielen Seidenkleidern der Frau. Das Erstaunliche an der Familie war, dass die drei Kinder Jahr für Jahr mitkamen, obwohl sie längst aus dem Alter heraus waren, in dem Kinder mit den Eltern in die Ferien fahren. Die beiden Mädchen waren etwa zwanzig Jahre alt, der Junge etwa siebzehn. »Da sieht man, was eine gute Erziehung ausmacht«, sagte Marianne, und mit Wohlgefallen beobachtete sie die Familie, vor allem den Sohn. Wenn sie mit Arthur über ihn redete, nannte sie ihn nur »den Sohn«, und Arthur wusste, wer gemeint war.

Sie konnte sich an dem Sohn nicht satt sehen. Er war auch zu erfreulich anzuschauen, das musste selbst Arthur zugeben. Nicht besonders groß, war er doch in den Proportionen tadellos, weder zu breit noch zu schmal. Das dunkle Haar modern, aber keineswegs dandyhaft geschnitten und gescheitelt. Mit Brille, die dem Gesicht etwas Zurückhaltendes gab. Am Abend trug er stets einen dunklen Anzug mit hellem Hemd und Krawatte. Wo gab es das noch, einen jungen Mann, der Krawatte trug? Italienische Schuhe, dazu Socken in passender Farbe. »Eine Freude für die Augen«, pflegte Marianne zu sagen.

Diesmal hatte die ältere Tochter einen Freund bei sich. Sie verabschiedete sich an diesem Abend früh, um mit ihm nach oben zu gehen. Zwei oder ein Zimmer?, fragte sich Arthur und schaute ihnen nach. Er dachte, dass es zu seiner Zeit, als

Marianne und er noch jung waren, in einem solchen Haus nicht üblich war, dass Verlobte in einem Zimmer schliefen. Aber damals waren sie auch nicht in ein Hotel wie dieses in die Ferien gefahren. Man hatte es sich nicht leisten können. Das junge Paar verschwand im Lift. Aber vielleicht waren sie ja auch schon verheiratet.

Marianne hatte keine Notiz von ihnen genommen. Sie las in ihrem Buch. Als aber wenig später der Sohn vorüberging, um den Kellner zu rufen, hob sie den Kopf.

»Einen solchen Sohn müsste man haben«, seufzte sie halblaut und verträumt, mehr für sich selber als für Arthur. Dieser gab keine Antwort.

Seit Kurzem schien sie an ihrer Kinderlosigkeit zu leiden. Inzwischen waren sie beide an die sechzig. Sie hatten sich weder Kinder gewünscht noch keine haben wollen. Sie rannten wie viele andere Paare deswegen nicht von einem Arzt zum andern. Marianne hatte sogar leicht belustigt und deutlich missbilligend von ihrer Coiffeuse erzählt, die sich schon zweimal hatte operieren lassen. »Und jetzt klappt es trotzdem nicht.«

Für sie war es nie ein Problem gewesen, an wem von beiden es liegen könne. Sie hatten sich auch nicht mit einschlägiger Literatur befasst. Immerhin hatte Arthur irgendwo gelesen, dass in etwa der Hälfte aller Fälle die Schuld beim Mann sei, wenn man hier von Schuld reden könne. Er fand das von der Natur erstaunlich gerecht und befriedigend.

Er vermutete, dass es bei Marianne mit dem Alter zusammenhing, wenn sie jetzt öfter als früher durchblicken ließ, dass sie bedaure, keine Kinder zu haben. Ihm machte es nichts aus, und er hatte den Verdacht, dass das ein Zeichen seines Egoismus sei. Oder war es nur der Gedanke, den Schatten der Enttäuschung, den er über seinem eigenen Leben wie über dem seiner meisten Mitmenschen schweben sah, nicht an eine nächste Generation weitergeben zu wollen? Nein, depressiv hätte er sich selber nicht genannt, und der Schatten war durchaus erträglich, wie eine Wolke, die an einem sonnigen Tag zeitweise den Himmel verdunkelt.

Jetzt kam der Sohn zurück. Marianne vermochte kaum die Augen von ihm abzuwenden. Der Sohn trug unter dem blauen Blazer einen gelben Pullover, und sein Gesicht war von der Wintersonne gebräunt. Er sah wirklich ausgezeichnet aus. Arthur wartete darauf, dass sie den gleichen Satz noch einmal flüsterte. Dass sie ihn dachte, sah er ihr an.

Sie tranken ihren koffeinfreien Kaffee aus, standen auf und gingen, nach links und rechts nickend und Gute Nacht wünschend, zum Lift. Während Marianne auf den Knopf drückte, holte Arthur den Zimmerschlüssel am Empfang. Der Nachtportier, der immer den Kopf ein wenig schräg hielt und einen von unten herauf anschaute, hatte seinen Dienst schon angetreten und wünschte höflich eine gute Nacht. Fräulein Isabella, die Hotelsekretärin, war nicht mehr da. Fräulein Isabella, so fand Arthur, war einer der Lichtpunkte dieses Hauses. Jung und schön, umgab sie eine natürliche Reinheit, die ihn fesselte. Schade, dass sie schon gegangen war. Er hätte ihr auch gern eine gute Nacht gewünscht.

Sie gingen auf ihr Zimmer. Als er die Tür hinter ihnen geschlossen hatte, schmiegte sich Marianne an ihn. Sie legte die Arme um seinen Nacken, küsste ihn und sagte: »Ich wünschte, wir hätten einen Sohn wie den Sohn. Es ist nicht gerecht.«

»Denk an die Sorgen, die er uns machen würde.«

»Unserer machte uns keine Sorgen. Sowenig wie der Sohn Sorgen macht.«

»Wie kannst du das wissen?«

»So etwas sieht man.«

In den nächsten Tagen sagte Marianne nichts dergleichen mehr. Arthur beobachtete sie zuerst mit Sorge, dass sie bedrückt sein könnte. Aber er stellte erleichtert fest, dass ihr nichts fehlte. Im Gegenteil. Sie freute sich am strahlend blauen Himmel, war manchmal regelrecht ausgelassen, und sie unternahmen miteinander ausgedehnte Touren auf den Langlaufskiern über die gefrorenen Engadiner Seen.

Etwas anderes aber glaubte Arthur festzustellen, und er war ziemlich sicher, dass er sich nicht täuschte. Der Sohn versuchte, ein Techtelmechtel mit Fräulein Isabella anzufangen. Jedes Mal, wenn Arthur zur Rezeption ging, um den Zimmerschlüssel aufzuhängen oder nach der Post zu sehen oder eine Briefmarke zu kaufen – Arthur hatte während des Tages oftmals Gelegenheit, an die Rezeption zu gehen –, stand der Sohn dort, lässig an die Theke gelehnt, und erkundigte sich bei Fräulein Isabella nach irgendeinem Unsinn oder schäkerte ganz einfach und unverhohlen mit ihr.

Arthur meinte zu sehen, dass es ihr peinlich war. Und als er eines Abends nach dem Nachtessen den Schlüssel holte, noch bevor sie in der Halle ihren koffeinfreien Kaffee tranken, stand der Lümmel doch wieder dort, und Arthur musste mit ansehen, wie er Isabella unters Kinn griff, ihren Kopf hob und sie zwang, ihm in die Augen zu schauen.

Er machte sich am Postständer zu schaffen, obwohl er wusste, dass dort nichts mehr für ihn lag, in der Hoffnung, den jungen Mann zu vertreiben. Es nützte nichts. Der Sohn drang weiter flüsternd auf Isabella ein. Schließlich musste Arthur das Feld räumen, auch aus Furcht, nicht länger an sich halten zu können.

Während er und seine Frau auf ihren Kaffee warteten, ging der Sohn an ihnen vorüber, mit roten Ohren, wie Arthur feststellte, um sich hinten zu der Familie zu setzen.

Dreckskerl, dachte Arthur zornig. Und eben, als er es dachte, flüsterte Marianne wieder: »Einen solchen Sohn müsste man haben.« Sie sagte es sehr leise.

»Lass doch den Blödsinn. Du weißt ja nicht, was du redest«, fuhr er sie an, viel zu laut, sodass sie ihn fragte, was ihm denn über die Leber gelaufen sei.

Arthur verschwieg Marianne seine Entdeckung. Er wollte nicht, dass die pubertären Anbändeleien des Sohnes ständiges Thema ihrer Engadiner Tage wurden. Und überhaupt war er sich nicht sicher, wie Marianne die Geschichte aufnehmen würde. Sie würde sie interessant finden, möglicherweise sogar an Fräulein Isabella kein gutes Haar lassen. Etwa so: Schau dir dieses Flittchen an! Hofft, sich einen reichen Mann zu angeln, und macht sich derart schamlos an diesen naiven Jungen heran. Nein, das würde er nicht ertragen, war es doch schon schwer genug, mitansehen zu müssen, wie der Lümmel Isabella immer unverschämter umschwärmte. Typisch Söhnchen aus besseren Kreisen, meinte wohl, alle Mädchen der Welt seien nur für ihn da und müssten ihm zu Willen sein.

Nach diesem Abend begann Arthur, die Entwicklung der Dinge systematisch zu beobachten. Unter allerlei Vorwänden ging er nun fast jeden Abend ohne Marianne noch einmal ins Dorf, auf einen sogenannten Verdauungsspaziergang. Eigenartigerweise hatte Marianne auch nichts dagegen, dass sie inzwischen manchmal sogar tagsüber getrennte Wege gingen. Sie klagte plötzlich, die Knöchel schmerzten sie, sie müsse sie auf der langen Tour ins Unterengadin überanstrengt haben, und setzte sich lieber auf einen Liegestuhl vors Haus in die Sonne.

Arthur kam das gelegen. Er brauchte nicht jeden seiner Ausflüge mit Ausreden zu begründen. So konnte er zum Beispiel halbe Nachmittage lang auf der Terrasse des Restaurants in der Nähe des Eisfeldes sitzen und, zwischen Ärger und Eifersucht hin- und herschwankend, zuschauen, wie der Sohn Isabella umkreiste und umgarnte und ihr keine freie Minute ließ. Und dabei fuhr der Sohn auch noch Schlittschuh wie ein Halbgott. Immerhin fuhr Isabella wie eine strahlende Göttin. Wenn sie in verschlungenen Linien aufeinander zu-, voneinander weg- und erneut aufeinander zuflogen, drehten sich die Leute nach ihnen um, und eine Frau, die in Arthurs Nähe auf der Terrasse saß und Schwarzwälder Torte aß, sagte mit einem tiefen Seufzer zu ihrer Freundin: »So müsste man Schlittschuh laufen können.«

Isabella machte es sichtlich Freude, mit einem guten Partner zu laufen. Sie lachte laut, dass es Arthur ins Herz schnitt. Gern hätte er sie abgepasst, ihr väterlich den Arm um die Schultern gelegt und gesagt: »Lassen Sie sich von dem Jungen nicht beeindrucken. An dem ist doch nichts dran, ist ja noch nass hinter den Ohren. Isabella, glauben Sie mir, ich bin Ihr Freund. Ich meine es wirklich gut mit Ihnen. Und als Ihr Freund rate ich, nein, befehle ich Ihnen: Hände weg von dem jungen Mann, was sage ich, diesem Knaben. Das Geld im Hintergrund sollte Sie nicht blenden. Bitte, Isabella, mir zuliebe.«

Aber er ging ohne Isabella heim, und als sie am Abend wieder in der Rezeption stand, mit leicht gerötetem Gesicht, sagte er selbstverständlich nichts, obwohl der Sohn ausnahmsweise einmal nicht da war. Übrigens hatte Marianne bei seiner Rückkehr weder draußen im Liegestuhl gelegen noch in einem der weinroten Plüschsessel in der Halle auf ihn gewartet, auch im Zimmer war sie nicht. Es sei ihr eingefallen, dass sie noch ihren Langlaufdress waschen musste, aber kein Waschmittel dabeihabe. So sei sie ins Dorf einkaufen gegangen. Arthur erschrak. Hoffentlich hatte sie ihn nicht auf der Terrasse sitzen und zum Eisplatz hinüberstarren sehen. Aber sie sagte kein Wort davon, nur: »Ich glaube, ich habe den Sohn zusammen mit dem Ding von der Rezeption Schlittschuh laufen sehen.«

»Das ist doch nicht möglich«, war alles, was ihm als Antwort einfiel. Entgegen seiner Befürchtung blieb es bei dem einen Satz Mariannes, und sie kam auch im Laufe des Abends nicht mehr darauf zurück, obwohl sie den Sohn, als er im Speisesaal an ihrem Tisch vorbeiging, so anhimmelte, dass Arthur dachte, alle Leute müssten es merken.

Ein anderes Mal folgte Arthur Isabella und dem Sohn bis ins Fextal. Sie waren ohne Skier, er auch. Als er, hundert Meter hinter ihnen und immer darauf bedacht, den Abstand nicht kleiner werden zu lassen, mit ansehen musste, wie der junge Mann nach Isabellas Hand grapschte, flehte er die Berge an, einzustürzen oder wenigstens eine gewaltige Lawine zu Tal zu schicken. Aber keine Lawine kam, und die Berge standen uninteressiert und blöd da, und Arthur lief blutenden Herzens hinter den zweien her bis zum Restaurant »Sonne«, wo sie einkehrten und wohin er ihnen nicht folgen konnte, wenn er nicht erkannt werden wollte. Also stapfte er an dem Wirtshaus und der kleinen Kirche vorüber und schritt tapfer weiter. Er hätte sich am liebsten Kopf voran in den nächsten Schneehaufen gestürzt und mit den Fäusten um sich geschlagen.

Auf dem Rückweg traf er Marianne. Sie habe bei dem schönen Sonnenschein doch nicht nur vor dem Hotel sitzen können. Hand in Hand trotteten sie zurück. Und nachdem sie sich etwas hingelegt hatten, gingen sie um halb acht zum Abendessen hinunter. Arthur hängte vorher noch den Schlüssel an der Rezeption auf und warf bei dieser Gelegenheit Isabella einen strafenden Blick zu.

Die Geschichte wurde immer auffälliger. Eines Tages kam Arthur gerade dazu, als der Sohn sich zu Isabella über die Theke beugte und ihr einen richtigen Kuss auf den Mund gab. Und weder der Sohn noch das Mädchen schienen Anstoß daran zu nehmen, dass Arthur Zeuge dieser Ungeheuerlichkeit war. Was, wenn er es der Direktion meldete? Er fragte sich, ob er nicht dazu verpflichtet sei, um Isabellas willen. Dann stellte er sich jedoch das grinsende Gesicht des Direktors vor. Erst am Tag vorher hatte er gesehen, mit welchen Blicken dieser Herr einem jungen Mädchen nachgeschaut hatte. Arthur unterließ es lieber. Er konnte nur abwarten. Der Krug geht so lange zum Brunnen, bis er bricht.

Er brach in der Nacht vor Arthurs und Mariannes Abreise. Sie hatten länger als sonst im Speisesaal gesessen. Der Hotelier war noch gekommen und hatte eine besondere Flasche Wein spendiert.

»Wissen Sie, dass Sie dieses Jahr zum zehnten Mal bei uns Ferien gemacht haben?«

Arthur und Marianne hatten nicht daran gedacht. In ihrem Zimmer sagte Arthur, der den
vielen Wein spürte, er wolle sich draußen noch
ein wenig die Füße vertreten. Marianne gab vor,
dass ihre Füße schmerzten. Arthur zog sich an.
Mittlerweile war es schon elf Uhr geworden.

Er hatte kein besonderes Ziel. Er stapfte
durch die Schneeverwehungen in Richtung Sils.
Von Maloja her blies ein scharfer Wind, der Himmel war klar, und über den Bergen stand leuch-
tend und weise der volle Mond. Die Nacht war
hell.

Kurz vor dem Dorfeingang machte Arthur
kehrt, nicht ohne eine kleine Enttäuschung in
sich niederkämpfen zu müssen. Hatte er erwar-
tet, um diese Zeit Isabella auf der Straße anzu-
treffen? Das wäre ein glücklicher Zufall gewesen.
Warum ereigneten sich glückliche Zufälle nie,
wenigstens nicht für ihn?

Gleich neben dem Hotel gab es einen Stall, wo
noch Vieh gehalten wurde. Vor der Stalltür lag
immer ein wenig Stroh. Da sah Arthur etwas im
hellen Mondschein liegen. Eine Mütze. Eine hellblaue Wollmütze mit einer Quaste. Eine Damen-
mütze. Arthur ging zum Stall und hob die Mütze
auf. Es war Isabellas Mütze. Er hatte ihr fast je-

den Abend zugeschaut, wie sie die hellblaue Wollmütze mit der großen Quaste über die Haare zog, wenn sie nach Hause ging.

Arthur hielt Isabellas Mütze in der Hand. Ihm wurde heiß. Da hörte er aus dem Stall einen Laut. Es war nicht das Geräusch der Kühe, eher unterdrücktes Lachen. Arthur ließ die Mütze fallen und ging vorsichtig um die Ecke. Hier gab es ein kleines Fenster. Er stellte sich auf die Zehenspitzen und blickte hinein. Von der andern Seite drang die Helligkeit des Mondes durch ein zweites Fenster und beleuchtete Rücken und Hinterteile der Kühe.

Und dann sah Arthur auf einer Schütte Stroh im Stallgang Isabella liegen, Mondlicht im Gesicht, und der reiche, verwöhnte Kerl lag auf ihr.

Arthur vergaß zu atmen. Blut schoss ihm in den Kopf. War das Mädchen nackt? Der Junge hatte die Hose bis in die Kniekehlen hinuntergeschoben.

Arthur hörte hinter sich Schritte auf dem gefrorenen Schnee. Er sah, wie Marianne vom Hotel auf den Stall zukam, stehen blieb, lauschte und dann um die andere Ecke verschwand.

Arthur trat in das Mondlicht hinaus. Er konnte jetzt nicht sofort ins Zimmer zurückgehen. Er

wollte Marianne nicht zwingen, Erklärungen ab-
zugeben, wenn sie nach ihm kam. Er ließ eine
gute halbe Stunde vergehen, marschierte noch
einmal bis in die Nähe des Dorfeingangs, ehe er
umkehrte. Kein Mensch begegnete ihm.

Auch an der Rezeption war niemand. Der
Nachtportier leerte die Aschenbecher in der
Halle.

Marianne lag schon im Bett. An ihren Schuhen,
die sie neben die Zimmertür gestellt hatte, klebte
Schnee.

»Du warst lange weg«, sagte sie.

»Es ist ein wunderbarer Vollmond draußen«,
gab er zur Antwort. Dann steckten sie sich Ohro-
pax in die Ohren.

So hörten sie nicht den Lärm der Autos, die
eine Stunde nach Arthurs Heimkehr vorfuhren,
und sie sahen nicht die Polizei aussteigen. Der
Bauer hatte um halb eins in der Nacht noch einmal in den Stall geschaut, weil eine seiner Kühe
kalben sollte. Dabei hatte er im Stallgang auf der
Schütte Stroh, die dort schon für das Kalb bereit-
lag, die Leichen eines jungen Mannes und der
Hotelsekretärin gefunden. Beiden war der Schädel eingeschlagen worden, das Holzstück lag
blutverschmiert daneben.

Arthur und Marianne erfuhren von dem Mord erst beim Frühstück. Sie schauten einander an. Für Arthur war die Sache von Anfang an klar: Marianne hatte es getan. Etwa eine Stunde tot, als sie gefunden wurden, lautete der Befund des Gerichtsmediziners. Die Zeit stimmte. Marianne musste aus dem Fenster geschaut haben. Vielleicht zufällig, oder war sie möglicherweise Zeugin der Abmachung zwischen dem Sohn und Isabella geworden? Jedenfalls schaute sie aus dem Fenster, als Arthur unterwegs war, und sah den Sohn und Isabella im Stall verschwinden, unmittelbar bevor er die Mütze des Mädchens bei der Stalltür gefunden hatte. Hatte Marianne ihn gesehen? Er hoffte es nicht und glaubte es auch nicht. Es sei denn, sie hätte sich seit gestern Abend großartig verstellt. Marianne musste dann zum Stall hinübergelaufen sein. Sie schaute durch das Fenster, drang, wütend enttäuschte Rachegöttin, in den Stall ein und erschlug Isabella und den Sohn.

Die Polizei stellte allen Fragen. Bis zu Marianne und Arthur kam sie jedoch nicht.

Arthur hatte es plötzlich eilig. Er wollte nicht bis zum Mittagessen bleiben. Bei Isabellas verheulter Kollegin bezahlte er die Rechnung, packte die Koffer ins Auto und schnallte die Skier auf dem Dachträger fest.

»Wiedersehen, bis zum nächsten Mal. Tut uns leid, diese Geschichte. Gute Fahrt, bis auf bald. Ja, natürlich, wir reservieren wieder dasselbe Zimmer für Sie.«

Sie redeten bis Silvaplana kein Wort. Und auch während der Auffahrt zum Julier redeten sie nicht. Einmal war Arthur in Versuchung, den Wagen über den Straßenrand zu steuern. Aber der Schneewall wäre zu hoch gewesen.

Eines war ihm klar: Mit Marianne konnte er nicht weiterleben. Sie hatte Isabella umgebracht. Er überlegte, wie er Marianne umbringen könnte. Warum sie nicht aus dem Wagen locken und in eine Schlucht hinunterstoßen? Kein Mensch würde ihm nachweisen können, dass es nicht ein Unfall war. Oder Selbstmord aus Verzweiflung über die begangene Tat.

Nach der Passhöhe sagte Marianne leise: »Es wird kein nächstes Mal geben. Ich komme nie mehr mit dir in die Ferien. Du hast die beiden erschlagen. Du bist ein Mörder.«

Arthur holte tief Luft. Das war der Gipfel der Verschlagenheit. Sie versuchte, ihm die Sache in die Schuhe zu schieben.

»Widersprich nicht«, sagte Marianne. »Ich habe dich bei dem Stall stehen sehen. Schon lang bist du dem Mädchen nachgestrichen. Und meintest, ich merkte nichts. Ich werde dich anzeigen.«

»Ich habe dich auch gesehen«, wollte er sagen und ihr ins Gesicht schreien, dass sie eine gemeine Mörderin sei. Aber er kam nicht mehr dazu. Vor ihnen stand, quer über die Straße, ein Polizeiwagen. Arthur musste anhalten. Einer der Polizisten trat ans Fahrzeug.

»Ihre Papiere.«

Arthur reichte sie ihm. Nachdem der Polizist sie gelesen hatte, sagte er: »Ich muss Sie festnehmen. Beide.«

Arthur fragte nicht, weshalb. Sie wurden in das Polizeiauto gesetzt, Marianne vorn, Arthur hinten. Man fuhr zurück, über die Passhöhe und wieder hinunter in Richtung Engadin. Sie hatten eben Silvaplana erreicht, als sich der Funk meldete.

»Margna zwo von Margna eins. Antworten.«

»Margna eins von Margna zwo verstanden. Antworten.«

»Verstanden. Wo seid ihr? Antworten.«

»Verstanden. Einfahrt Silvaplana. Antworten.«

»Verstanden. Habt ihr sie? Antworten.«

»Verstanden. Ja, wir bringen sie mit. Antworten.«

»Verstanden. Schonend behandeln. Wir haben soeben den Täter gefasst.«

»Was? Ich meinte –«

»Margna zwo, bitte nicht die Funkregeln vergessen. Die beiden kommen nicht infrage. Der Nachtportier hat ein Geständnis abgelegt.«

»Verstanden. Fertig.«

Der Fahrer hängte das Mikrofon ein. Der Polizist hinten rückte ein wenig von Arthur ab.

Sie brauchten nichts zu verschweigen und sagten alles, was sie wussten. Der Untersuchungsrichter bedankte sich ausdrücklich bei ihnen.

»Sie haben uns sehr geholfen.«

Der Hotelier bot ihnen an, eine Nacht gratis im Hotel zu bleiben, nachdem die Aussagen am Nachmittag abgeschlossen waren. Der Nachtportier hatte den Mord aus Eifersucht begangen. Er hatte geglaubt, Isabella habe in der letzten Saison seine Annäherungsversuche erwidert und lasse ihn nun wegen eines reichen Schnösels sitzen.

Arthur und Marianne schauten sich an.

»Ich denke, wir fahren doch lieber heute noch.«

Die Polizei hatte ihnen freundlicherweise den Wagen bis vors Haus gebracht.

»Also bis zum nächsten Jahr«, sagte der Hotelier.

»Bis nächstes Jahr«, antworteten Arthur und Marianne wie aus einem Mund.

Nicht obligatorisch zu lesendes Nachwort zur erweiterten Neuausgabe

Dreizehn üble Geschichten waren es, jetzt sind vier neue hinzugekommen. Unzählige weitere könnten folgen; an üblen Geschichten herrscht kein Mangel. Um so erstaunlicher die Reaktion darauf. Sie hat fast immer ein lachendes Gesicht. Weniger häufig, aber doch auch manchmal, ein griesgrämiges.

Das lachende lacht mit Blick auf den Ernst des Übels nicht ohne schlechtes Gewissen und die Lust daran. Ich finde, so sei Ironie zu charakterisieren. Als der subversive Umschlag vom ernsthaft Unerträglichen ins moralisch meinetwegen fragwürdige Vergnügen. Es handelt sich, da bin ich mir ziemlich sicher, um den gleichen Umschlag wie in der Metapher. Auch sie ist Ausweichbewegung vor der übergroßen Bedrängnis durch einen Gegenstand, hin zu einem andern, ohne den ersten aus den Augen zu lassen, ihn aber relativierend.

Als Metaphern bezeichnen die Neutestamentler auch die Gleichnisse, mit denen Jesus die Herrschaft Gottes ankündigte. Die Relativierung bedrängender Gegenstände also theologisch legitimiert, ja geradezu Kennzeichen theologischer Rede, und die kleine so erreichte Freiheit ist die Platzhalterin der großen, die kommen wird.

Griesgrämigkeit als Reaktion auf die üblen Geschichten hat dreierlei Ursache. Erstens, weil sie ironisches Lachen statt ernsten Genuss des Tragischen im Sinn haben, schockierte Ablehnung durch die Kultivierten wegen Verstoß gegen den kulturellen Kodex. Melina Mercouris Ausrufe während der Tragödienaufführung in ›Jamais le dimanche‹ und den Ausdruck auf den Gesichtern ihrer Nachbarn werde ich nie vergessen. Das Bildungserlebnis in ein Lachen zu verkehren, gilt als unfein. Denn gemäß dem herrschenden Vorurteil bildet Lachen nicht, weil es dem Ernst des Lebens nicht angemessen sei.

Zweiter Grund zur griesgrämigen Indignation ist, dass üble Geschichten überhaupt erzählt werden, »da es sich einmal darum handelt, in der gemeinen Wirklichkeit eine schönere Welt wiederherzustellen«, wie Gottfried Keller Jeremias Gotthelf vorhielt. Die Welt, wenn sie bemüht ist, eine bessere aus sich zu machen, neigt zur Beschönigung dessen, was der Fall ist. Krasser Höhepunkt war der Schlagwort- und Totschlag-Marxismus-Leninismus, wo in Sachen übler Geschichten überhaupt nicht sein konnte, was nicht sein durfte. Er ging an dieser Lüge zugrunde, war jedoch nur der konsequenteste Ausdruck einer Weltauffassung, die die gemeine Wirklichkeit literarisch verschönerte und gleichzeitig Zucht- und Irrenhäuser aus dem Zentrum der Stadt an die Peripherie verlegte. Die zeitgenössische Entstehung der Kriminalliteratur war die Rache für beides.

Der dritte Grund zur Griesgrämigkeit ist (wie die zwei vorher zwar auch, jedoch offensichtlicher) theologischer Missverstand. »Wie kann ein Theologe solche Geschichten schreiben!«, bekam ich häufig zu hören, als das Büchlein zum ersten Mal erschien. Die vorwurfsvoll rhetorische Anschlussfrage lautete regelmäßig: »Müsste er nicht schon rein berufshalber an das Gute im Menschen glauben?« Von wegen! Der wäre ein lausiger Theologe, der statt an die Güte Gottes an das Gute im Menschen glaubte. Dass das Gute für die Menschen nicht ihr eigenes, sondern ein fremdes, ihnen zugeeignetes ist, heißt einer der Grund-Sätze der Theologie, die sich vor der Bibel des Alten und Neuen Testaments verantwortet. Diesbezüglich säuerliche Reaktion von Kolleginnen und Kollegen, die nicht so selten war, hat mich, muss ich sagen, erschüttert.

Gefragt, wie ich denn also dazu komme, derlei Geschichten zu schreiben, pflege ich zu antworten, sie seien mein Beitrag zur theologischen Anthropologie. Insofern nämlich, als sie vom »schuldigen und verlorenen Menschen« und, in der Gestalt des oben erwähnten Lachens, insgeheim auch vom »rechtfertigenden und rettenden Gott« reden, welche zwei, in ihrer Verbundenheit durch das kräftige ›und‹, gemäß Doktor Martin Luther der einzige Gegenstand der Theologie sind.

Denn also auf befreiendes Lachen und, nochmals in Anlehnung an Luther, fröhliche Sünderschaft! Und Dank an Sils Maria, seine Bewohner, seine Behörden, seine Gäste, dass sie mir nichts übelnehmen.

Zollikon, am Montag nach dem Sonntag
Quasimodogeniti 2004
Ulrich Knellwolf